"中国梦·中国道路"丛书
2018年主题出版重点出版物
"十三五"国家重点出版物出版规划项目

大国治理

苏长和 ◎ 著

人民日报出版社

图书在版编目（CIP）数据

大国治理 / 苏长和著. —北京：人民日报出版社，2017.10

ISBN 978-7-5115-5030-9

Ⅰ. ①大… Ⅱ. ①苏… Ⅲ. ①社会管理—研究—中国 Ⅳ. ①D63

中国版本图书馆CIP数据核字（2017）第255080号

书　　名：	**大国治理**
作　　者：	苏长和
出 版 人：	董　伟
责任编辑：	袁兆英　杨冬絮　刘晴晴　刘　悦
封面设计：	主语设计
出版发行：	人民日报出版社
社　　址：	北京金台西路2号
邮政编码：	100733
发行热线：	（010）65369527　65369846　65369509　65369510
邮购热线：	（010）65369530　65363527
编辑热线：	（010）65363105
网　　址：	www.peopledailypress.com
经　　销：	新华书店
印　　刷：	北京中科印刷有限公司
开　　本：	710mm×1000mm　　1/16
字　　数：	151千字
印　　张：	13
版　　次：	2018年3月第1版　2021年11月第6次印刷
书　　号：	ISBN 978-7-5115-5030-9
定　　价：	42.00元

总策划

彭国华

顾　问

何毅亭　陈先达　孙正聿　韩庆祥

序

何毅亭　中共中央党校常务副校长

人民日报出版社围绕构建中国话语、讲好中国故事，策划出版"中国梦·中国道路"系列图书，是及时的，也是具有重大意义的。

2017年10月，我们党召开了十九大，习近平总书记代表中央委员会向大会做报告，在总结党的十八大以来五年成就的基础上，宣告中国特色社会主义进入新时代，并且系统阐述了作为党的指导理论的习近平新时代中国特色社会主义思想。这篇报告，是我们党的政治宣言，也是我们党的行动纲领，更是我们党的经验总结，是我们构建中国话语、讲好中国故事的基本遵循。

习近平总书记2016年5月在全国哲学社会科学工作座谈会上的讲话，集中阐述了构建中国特色哲学社会科学的学科体系、学术体系、话语体系等问题，强调要对当代中国的伟大社会变革进行总结，不仅要让世界知道"舌尖上的中国"，还要让世界知道"学术中的中国""理论中的中国""哲学社会科学中的中国"，让世界知道"发展中的中国""开放中的中国""为人类文明做贡献的中国"。这个要求是非常明确、非常具体的。

改革开放40年来，随着我国经济社会不断取得长足发展，国际社会越来越愿意阅读中国故事，越来越愿意倾听中国声音，越来越愿意学习中国智慧。党的十八大以来的几年尤其如此。为什么？就是因为存在着"西方之乱"和"中国之治"的分野，有志之士都希望一探究竟，都希望了解"发展中的中国""开放中的中国""为人类文明做贡献的中国"到底是怎么回事。

"西方之乱"是一种客观描述。2008年国际金融危机爆发以来，西方国家经济复苏乏力，至今仍然没有摆脱低迷的窘境。何去何从，以美国为首的西方大国给出的方案是"本国优先"；"逆全球化"蔚然成风；一系列贸易保护主义措施纷纷出台。与此同时，西方大国社会阶层族群分裂、民粹主义抬头。在应对国际国内突出问题上，西方各国政府普遍力不从心、改革乏力，甚至推卸责任、转嫁危机。

与"西方之乱"形成鲜明对比的是，党的十八大以来，以习近平同志为核心的党中央，举旗定向、运筹帷幄，统筹推进"五位一体"总体布局，协调推进"四个全面"战略布局，提出一系列具有开创性意义的新理念新思想新战略，出台一系列重大方针政策，推出一系列重大举措，推进一系列重大工作，解决了许多长期想解决而没有解决的难题，办成了许多过去想办而没有办成的大事，着力推进国家治理体系和治理能力现代化，推动党和国家事业发生深刻的历史性变革，也为解决人类问题、完善全球治理体系贡献了中国智慧和中国方案。这就是既造福中国也造福世界的"中国之治"。

正如习近平总书记所要求的，要成功推进并向世界讲好"中国之治"，就要积极构建中国话语体系。构建中国话语体系，目的是与我国国际地位的提高相适应，客观展现中国革命、建设、改革的成果，以理论、经验和事实向世界提供发展方案，为促进各国共同繁荣贡献智慧。构建中国话语体系，需要对西方话语体系进行科学辨析、理性批判，有理有据驳斥西方话语体系对中国和其他发展中国家的偏见，切实改变"西强我弱"的国际舆论格局，消除基于西方中心论的话语对中国形象的歪曲，以事实为依据传播真实的中国信息，并推动形成健康的国际舆论氛围。

"中国梦·中国道路"系列图书，从哲学、历史、外交、经济、文化等多个维度，以理性的分析、翔实的数据、雄辩的事实、生动的故事谈中国、论世界，是国内外读者了解国际局势及中国发展道路的重要参考，有利于传递中国声音、塑造中国负责任大国形象，具有较高的理论价值和现实意义，能为构建中国话语体系、增强中国的国际话语权做出有益贡献。这套丛书的作者，包括韩震、王义桅、辛鸣、陈曙光、苏长和等，都是我国哲学社会科学领域的知名学者，有的还是很有潜力的青年才俊。他们的研究和建树，保证了这套丛书的高度、深度和权威性。

我很高兴向广大读者推荐这套丛书。

目 录

第一章 大国治理的世界意义 / 1

第一节 构建人类命运共同体　政党义不容辞 / 1
第二节 充分认识当今世界格局新变化 / 4
第三节 全球治理体系转型中的国际制度 / 10
第四节 为全球性问题提供治理方案 / 20
第五节 以新标准研究中国制度 / 38
第六节 对话世界政党　共建良政善治 / 42

第二章 大国治理的现实境况 / 45

第一节 西式民主话语体系的陷阱 / 45
第二节 西式民主的本质和缺陷 / 48
第三节 对抗式制度体系导致西方之乱 / 52
第四节 辩证看待资本主义系统性危机 / 56
第五节 准确把握中国制度精神 / 61
第六节 中国与国际制度 / 68

第三章 大国治理的中国经验 / 85

第一节 中国为世界和平与发展做出新的重大贡献 / 85
第二节 中国理论的鲜明品格和世界贡献 / 91
第三节 新型大国安全治理新方略 / 97
第四节 在国际比较中增强中国理论自信 / 103
第五节 正确认识和使用合法性概念 / 106

第六节　民主的希望和未来在中国 / 112
第七节　不断推进社会主义协商民主 / 132

第四章　大国治理的中国方案 / 139

第一节　让世界了解中国制度 / 139
第二节　为多极世界谋规则 / 142
第三节　中国与国际体系：寻求包容性的合作关系 / 149
第四节　为世界提供来自中国的新概念新表述新范畴 / 167
第五节　开创大国外交新局面的行动指南 / 178
第六节　以分歧治理谋划国际关系的新准则 / 185
第七节　中国政治发展道路与世界秩序的未来 / 192

第一章　大国治理的世界意义

第一节　构建人类命运共同体　政党义不容辞

一、共同建设美好世界是政党的责任

政党是现代政治生活中的重要组织，对于建设美好世界负有共同的、不可推卸的责任。世界上不少政党是在竞争性多党政治环境下成长起来的，一个缺点是成长起来的政党只代表部分群体和阶层。这类政党由于部分性的特点，对内部问题的关注甚于对外部问题的关注，对内部特定问题的关注甚于对全局性问题的关注，在国际政治议题上难以形成明确的、被广泛接受的主张和方案。对竞争性多党制国家来说，如何形成一个统一的外交政策而不是分裂多变的外交政策，也是不少国家制度体系面临的难题。但是从人类共同命运来看，在一个互联互通的世界中，政党需要克服困难，更多地担起同其他国家政党共同合作的责任，解决人类面临的共同问题。

中国共产党对内把为中国人民谋幸福、为中华民族谋复兴作为自己的初心和使命，对外把为人类做出更大的贡献作为自己的使命，体现出强烈的责任担当意识。人类命运共同体是中国共产党对当今世界面临的治理赤字、和平赤字、发展赤字给出的一个方案，虽然是中国提出的，但是契合世界上大多数国家和人民对美好世界的追求。为构建人类命运共同体，各国政党需要求同存异，携手合作。

二、十九大是了解中国共产党的重要窗口

十九大报告具有划时代意义，做出了中国特色社会主义进入新时代的重大论断，确立了习近平新时代中国特色社会主义思想的历史地位。根据新时代的时代特征、矛盾转化、阶段任务、具体布局，擘画了我们党在新时代领导全国各族人民全面建设社会主义现代化强国的蓝图，鼓舞人心，催人奋进。

如果我们对比研究世界上重要国家执政党的各种国家发展报告就会发现，确实很少有政党像中国共产党这样，能够既高屋建瓴又无比务实地推进国家现代化的各项事业发展。对于十九大及其报告，国际社会之所以给予了高度的关注，既与不少国家和政党碰到的治理难题有关，他们想从中国共产党治党理政中寻找智慧和方案，也同十九大报告本身带给世界的正能量有关，为应对全球治理三大赤字提出了引人深思的中国方案。作为一名国际政治学者，我还有一个深刻感受，就是十九大报告进一步向世界展示了中国共产党这样一个大党的执政气魄和风范。

三、借鉴治党理政经验，共同提高执政参政能力

世界上不少政党，要么松于政治建设或弱于思想建设，要么疏于组织建设或散于作风建设，要么懈于纪律建设或怠于能力建设，最后在时代变化和挑战中失去执政地位。这些表明，加强政党自身建设，对于一个政党的长远发展至关重要。

中国共产党在加强自身建设方面经验丰富。像中国共产党这

样的大党，什么时候都不能丢掉自己的灵魂和精神、组织和纪律。十八大以来，围绕"不忘初心，牢记使命"主线，中国共产党直面挑战，敢于勇于解决问题而不回避问题，加强党的政治建设、思想建设、组织建设、作风建设、纪律建设，同一切弱化、虚化、边缘化党的领导和组织的观念和行为做斗争，使党内政治生态发生积极显著的变化，为新时代中国特色社会主义建设提供了政治保障和组织保障。

比如，中国共产党一直重视思想理论建党，这不是说其他国家政党要按照中国共产党建党思想理论来指导自己政党建设，而是如何更好地把政党使命同国家建设和为人民谋幸福结合起来。世界上不少国家实行的是竞争性多党制，竞争性多党制使得各类政党代表部分群体和阶层，其与中国共产党建党逻辑截然不同，一个政党如果沦为选举机器，只是为部分群体阶层而非全民谋利，那么就很难有能凝聚起广泛民众的思想理论来源。现在世界上不少政党都碰到这样的思想理论危机。

对于任何一个政党而言，必须着力于不断自我净化、自我完善、自我革新、自我提高能力上，才能与时俱进、与时俱新，进而有效应对重大挑战、抵御重大风险、克服重大阻力、解决重大矛盾。

中国共产党是一个开放、包容、学习的大党，既在充分尊重对方的前提下向世界介绍自己好的经验做法，也善于谦虚地学习别人优秀的、适合自己的做法，从而带领中国人民走出了一条符合自身国情的发展道路。

第二节　充分认识当今世界格局新变化

近年来，世界上发生的许多事件让人们深思。许多人感觉，国际秩序进入深刻调整变化之中，全球治理领域出现许多亟待各国合作协商解决的新问题，发达国家和发展中国家共同面临发展和治理任务。与此同时，随着世界政治经济生态变化，国际文化交流与思想交锋格局也出现了一些值得关注的新动向。世界在各种矛盾的交织、对抗、转化以及各方力量和方案的竞争、比较、选择中发展前行。

一、维护与破坏国际秩序的正面和负面因素并存

维护以联合国为核心的主权国家体系同各种破坏挑战国家主权行为之间的矛盾，构建以合作共赢为核心的新型国际关系同停留在冷战对抗思维上的旧国际关系实践之间的矛盾，依然是当前国际秩序建设面临的主要矛盾。

以联合国为核心的主权制度是"二战"后人类政治文明的重要成果之一，也是当今国际秩序和主权国家体系赖以运行的基石。当今世界发生的各种对抗和不公，不是由于《联合国宪章》宗旨和原则过时了，而恰恰是由于这些宗旨和原则未能得到有效履行。经过"二战"后波澜壮阔的民族解放运动，世界形成了一个基本定型的相互确认主权的国际体系。然而，在这个国际体系中，一些国家仍在支持和鼓励他国内部的分裂主义，以公开或隐蔽的方式强行推翻他国合法政权，这无疑是在挑战和威胁相互确认的主权国家体系。

冷战结束特别是进入21世纪以来，新干涉主义、"民主"输出、被滥用的"保护责任"等，在一些国家和地区内部制造了混乱和动荡。这些行为都是在挑战和威胁主权国际秩序，也是当今世界不少国家和地区动荡的重要外因。

主权理论固然需要继续发展，但这种发展不是为了否定主权制度，而是要更好地维护相互确认的主权国家体系。毕竟，人们至今还没有发明出更好的足以代替主权的制度来保护国际体系中的弱小国家。历史上能够行之久远的国际秩序，一定是建立在国际体系成员相互尊重主权的基础上；反之，国际秩序的每一次动荡和混乱，都是从主权制度的破坏肇始的。

构建以合作共赢为核心的新型国际关系，是国际秩序建设的重要内容。但是在现实中，对抗性军事联盟、势力范围、代理人、保护国等旧国际政治模式仍然拥有一定的市场。我们既要看到并主动引导新型国际关系发展的积极因素，同时又要认识到强权政治、黩武主义、冷战思维及其产生根源并没有消失。世界上制约战争的综合力量在增加，但是利用武力干涉乃至动辄以武力手段解决问题的倾向仍然存在。

二、全球治理体系变革深入发展

当前，世界上积聚了越来越多需要各国共同应对的议题，有效的全球治理变得更加迫切。在一个内外联动的世界中，许多全球性问题的拖延或加剧，同样会对各国内部产生消极影响。"二战"结束后沿袭下来的全球经济治理体系与发展中国家和发达国家经济力量对比发生深刻变化愈来愈不相适应，世界向互联互通发展的内在需求与制约互联互通瓶颈之间的矛盾越来越明显，全球治理需要的共商、共建、共享理念与仍然存在的单边、独占、排他行为之间的分歧日益激烈，这些都是影响当今全球治理体系变革的主要矛盾，而围绕制度性话语权的竞争也成为各方参与全球治理竞争的重要领域。

为有效的全球治理建章立制，是当前国际关系中的一个需要迫切解决的问题。一些反映特定阶段力量对比的国际制度，由于缺乏动态调整机制，不能与时俱进，难以反映变化了的国际力量格局。在这类旧的国际制度日趋僵化和改革不力的背景下，各类新兴国际制度涌现出来，这是当前全球治理体系变革领域发生的一个积极现象。新兴国际制度对全球治理体系产生了关键的补充和增益效应。世界上的事情越来越需要各国共同商量着办，建立新国际制度和国际机制、遵守国际规则成为多数国家的共识。因此，围绕制度性话语权的竞争也更为激烈。除传统议题中的规则调整，各国在太空、网络、极地、数据、环境等新领域的规则制定上也在进行着竞争。发达国家在传统规则制度上积累了历史优势，新兴国家开始为积极地参与新领域的规则制定。

世界的互联互通进一步释放出生产力，但是由于近年来经济全球化成果给不同国家、人群带来的收益不均衡，导致保护主义抬头，经济全球化面临挑战。人们在思考，究竟什么样的经济全球化更符合世界上大多数国家及其人民的发展需求？对经济全球化的内容和方向的探索，需要汲取历史上的教训。历史上，资本主义在世界范围的扩张加剧而不是缩小了国际政治经济不平等格局。互联互通以及经济全球化所释放出的生产力及其成果,如何在更多国家及其人民中实现共享,成为全球经济治理体系变革的中心议题之一。

三、发展与安全是各国共同面临的议题

改革发展稳定是当代世界许多国家在国家治理中面临的问题。"改革"这个词曾长期与发展中国家联系在一起,但在今天,它也摆在发达国家的面前。同样,发展成为发达国家和发展中国家共同的议程。同时,分离主义、恐怖主义、极端主义成为世界各国在安全问题上的共同敌人,没有一个国家可以置身事外。

在一个日益互联互通的世界中,各国的国家治理体系建设需要放到国际关系层次进行思考和谋划。几乎每一个国家的治理体系都面临对外开放、经济全球化、外部环境的考验。在同外部世界互联互通中增强自身国家治理能力,而不是孤立于外部世界、独善其身,成为世界上大部分国家治理体系和治理能力现代化面临的一个问题。

历史和现实表明,良好的国际秩序离不开良好的国家治理体系。基于对抗和制衡原理而设计的国内制度体系所产生的议会和政府相互否决机制、政党轮替所产生的外交不确定性等,理论上不利于国际合作,实践中增加了全球治理的成本,这种现象已经构成全球治理的制度障碍。近年来,不少多边国际组织通过了很多全球治理议题方案,但大多面临国内落实难的问题,从而使良好的全球治理方案大打折扣。这方面,中国积极将合理的全球治理议程在国内进行

转化和落实，例如率先在国内落实联合国可持续发展议程，是全球治理议程积极的推动者和实践者。

随着国家治理和全球治理之间事务的叠加，各国政府除了处理国内事务，还要增强应对全球性议题的能力。国际行政能力是一个国家尤其是大国为国际社会提供高质量高水平公共产品和公共服务的一个重要体现。近年来，中国为国际社会提供了不少中国方案、中国规则，这些方案和规则最终需要双边和多边行政合作来落实。这类全球性和地区性议题非常广泛，诸如环境、核能和平利用、救灾减贫、打击跨国有组织犯罪、反腐、反恐、水利、信息网络等。为此，大国的国家治理体系和治理能力现代化建设，既要考虑到国内治理能力，又要提高国际上的行动能力。

四、文明交流不断拓展

当今世界人、财、物、智的跨国流动促使文化、制度、发展道路、思想的交流和互鉴异常活跃。国际思想文化领域呈现较明显的交锋对立特征，人们既日益感受到各国及其人民在互联互通中逐步萌生的人类命运共同体意识，同时也注意到排外主义、极端主义思潮流行所产生的影响和危害。在发展道路和社会制度选择上，一方面，越来越多的国家独立探索发展道路和社会制度，在交流互鉴中取长补短，从而极大地促进和丰富了人类政治文明。另一方面，把某种社会政治制度作为人类政治文明的唯一代表，进而对外输出和强加于人的现象仍然存在。进入21世纪以来，世界思想文化领域的重大变化之一，就是西式自由民主意识形态的衰退。历史在各种道路、制度、方案的比较和竞争中展现出新的可能和机遇，中国特色社会主义道路和制度在同资本主义的竞争中显示出经济和政治上的比较优势。

人类在彼此认知、理解、交往的基本规范和态度上，亟须向更完善的文化交流格局迈进，以促进各国各民族文化在交流互鉴中多元共生、并行不悖。当代国际关系中，为了满足党派利益而在政治竞选中发表对他国不负责任的极端言论，出于宗教、文化、意识形态偏见而对他国内政指手画脚，假借国内政治因素在国际舞台上出尔反尔，政府在信守国际诺言上反复无常，对待国际公认的历史观虚与委蛇，在安全政策上口是心非……这些屡见不鲜的负面现象只会败坏国际政治文化，增加国际关系中的猜忌、怀疑和不信任。世界历史每进入一个关键的转折关口，都需要一种先进文化、知识和方案的引领。对多元多样多变世界的理解能力以及将这种理解运用于国际关系构建的能力，是一个国家为世界贡献可靠方案的知识和能力基础。

一个联系更加紧密的世界并不意味着是没有矛盾的，世界是在不断解决矛盾中向前发展的。当前国际关系处于一个重要的转折关口，国际关系究竟是在屈从于旧国际关系中徘徊不前，还是努力在转化、创造、汇合积极因素中向更高阶段迈进？能够在解答这一重大世界历史课题的伟大斗争中脱颖而出的国家和地区，才能成为未来国际秩序的引领者。

第三节　全球治理体系转型中的国际制度

一、分类看待全球治理领域的国际制度

国际制度是世界各国或者相关国家在涉及共同的政治、安全、经济、社会议题治理领域所形成的一套原则、规范、规则和机制，这套原则、规范、规则和机制往往通过具体的、正式的职能机构，即国际组织来实施和维护。当今全球治理体系包含了从全球到地区层面的各种国际制度，分类看待全球治理体系中不同国际制度，有助于我们在国际制度改制和建制进程中区别对待、突出重点。当今世界的国际制度大致有以下几类。

第一类涉及国际关系最基本的原则性制度，例如主权制度和平等原则。这是维护国际秩序的底线，如果主权制度被破坏了，国际关系将会陷入混乱之中。就此来说，当今世界出现的不少地区政治动荡问题不是因为主权过时了、没用了，而是主权和互不干涉内政原则没有得到很好的遵守。

第二类涉及规范性制度，也即构建一个良好国际关系的价值和理念是什么。国际关系在这方面最大的教训，就是西方中心论和霸权理论试图将自己国内的价值观转化和上升为所谓的普世价值观，打着"国际规范"的名义在世界上予以推广。构建良好的国际关系或者新型国际关系不是说不要国际规范，问题的关键是究竟是什么样的国际规范，是某一个国家国内规范强行在国际上的推广，还是各国在共同商量基础上形成包容差异和多样的国际

规范。这是当前全球治理和国际制度改制、转制、建制必须面对的问题。

第三类涉及国际组织中权力有序分配或过渡的规则制度。与国内政治已经形成的较为稳定有序的权力交替制度不同，大部分国际组织在此方面并没有形成适应国际力量对比变化而进行动态调整的权力交替制度。例如，国际货币基金组织和世界银行，常被人诟病的问题之一就是存在一定程度的权力世袭制，未能体现国际事务管理的民主原则。

第四类是涉及行为规则的制度。此类制度大量体现在经济合作和行业标准领域，用以协调国家和跨国公司的行为。应该说，这类制度与第二类制度相比，虽然不太涉及价值敏感性，但是往往具有巨大的市场利益，因此同样是大国竞争的重要领域。一个国家或者其大型公司，一旦将其某一行业产业领域的标准转化和上升为国际通用标准，则会为其市场份额的扩大带来极大的助力和效益。

二、当今国际制度改制、转制进程中的问题

国际秩序的变动往往集中表现在维系这个秩序运转的原则、规范、行为、机制所发生的调整和变化上。当前全球治理领域的国际制度改革，其突出问题既出现在上述四类制度领域，同时也涉及国际制度与国内政治关系的基础理论问题上。

第一，维护以联合国为核心的主权制度与各种挑战主权制度的实践之间的矛盾。经过多年的非殖民化和民族解放运动，世界政区版图基本定型，奠定了来之不易的以联合国为核心的相互确认的主权国家体系。在殖民地半殖民地世界中，支持各个民族从殖民地半殖民地体系中解放出来并独立建国，具有正义性，是世界大义所向。但是，在一个已经定型的相互确认主权的国家体系中，国际社会如果在违背主权国家意志的情况下，再支持和鼓励主权国家内部的分裂主义和分离主义，理论上是在挑战和威胁相互确认的主权制度，其行为已经不具有正义性。冷战结束以后，联合国一度在西方国家新干涉主义、"民主"推广、普世价值、保护的责任等理念的影响下，介入一些国家的内部政权更替之中，而一些国家则公开支持他国内部反对派，以推翻他国合法政权为目标，这些行为都是在挑战和威胁以主权国家为核心的国际秩序。当今世界，主权固然存在发展的需要和必要，但是主权制度的发展不是去否定主权制度，而是更好地维护相互确认的主权国家体系。毕竟，人们至今还没有发明更好的足以用来代替主权的制度，来保护国际体系中的弱小国家。就此而言，国际制度改制和转制必须遵循主权这一原则性的制度。实际上，那些着迷于推翻他国合法政权、侵害他国主权的国家，在涉及自己主权问题时，从来都是寸土不让的。

第二，世界范围出现的政治自觉运动，使越来越多的国家在发展道路和发展模式上拥有更多的自由。它们致力于探索适合自己国情的发展道路。这个进程必然会带来规范性制度的变革，表现在对既有的人权、民主、秩序等的理解上，出现了各种替代性的解释和主张，以及在发展、政治制度的看法上，出现新的知识革命的可能。现在越来越多的迹象表明，新的规范性制度建设应该更多聚焦于共同价值的求索上，而不是集中于某一个国家推广的普世价值上。

第三，一些旧的国际制度改革动力不足，大量新兴国际制度开始涌现。不是所有旧的国际制度都需要改革，例如原则性的主权制度就必须予以坚持。然而，一些反映特定阶段力量对比的国际组织管理类制度，应当拥有动态的权力调整机制，以适应变化了的国际力量兴替格局。在此方面，国际货币基金组织和世界银行改革显得严重滞后于现实。在 2014 年召开的金砖国家首脑峰会通过的《福塔莱萨宣言》中，金砖国家对国际货币基金组织改革方案无法落实集体表达出"失望和严重关切"态度。① 正因为如此，在这类旧的国际制度出现僵化和改革不力的背景下，各类新兴国际制度开始涌现，这是当前全球治理出现深刻变革的前兆，反映了这类旧的国际制度结构开始出现松动。新兴国际制度有的对原有机制具有一定的替代效应，例如金融危机后在国际经济治理领域比较活跃的二十国集团；有的完全是新生事物，例如上海合作组织、金砖国家首脑峰会机制；有的是试图摆脱既有体制另起炉灶，搞排他性集团，例如跨太平洋贸易伙伴关系协定（TPP）；有的是对既有国际制度着力不够、意愿不足的领域发挥重要的增量增益效应，例如亚洲基础设施投资银行和金砖国家新开发银行。

---

① 见 2014 年金砖国家首脑峰会通过的《福塔莱萨宣言》第 18 条，原文为"我们对 2010 年国际货币基金组织改革方案无法落实表示失望和严重关切，这对 IMF 合法性、可信度和有效性带来负面影响。"
《金砖国家领导人第六次会晤福塔莱萨宣言》，《人民日报》，2014 年 7 月 17 日第 2 版。

第四,"标准是世界的通用语言。"对国际经济生活以及一国经济地位具有重要影响的,是国际经济治理和行业标准领域的规则制度,涉及贸易和投资规则、碳排放交易市场、网络和数据主权、大宗商品定价机制、各类商业指数、货币结算体系、信用评级机制、国际排名引导体系、国际舆论评价体系、语言推广、代级工业标准、各类国际认证体系等。发达工业化国家在这类规则制度上已经积累了历史优势,也是他们在国际经济领域占有的最优质、最不愿意转让的核心制度资产,而新兴国家在这个领域则相对处于劣势。这类规则既依靠在技术和市场领域占有优势,其推广实施更需要国家的战略意志。

第五,国际制度和国内政治以及全球治理和国内治理的关系。这不仅仅涉及国际规则和国内规则"两类规则"的问题,还涉及困扰国际关系和国内政治、全球治理和国内治理如何合作协调这个世界政治难题。当前,越来越多的国家在参与地区和全球治理进程中,碰到了国内治理与地区或全球治理之间关系的处理问题。历史和现实的国际政治经验表明,一个良好的国际秩序,离不开良好的国家治理体系。主权原则维护了最基础的以主权国家为核心的国际秩序,但是排他性的主权制度往往又会限制国际合作的范围和规模,这是现有国际秩序转型升级的一个悖论。同时,不少国家内部议会和政府之间制衡甚至相互否决、政党轮替产生的外交不确定性等内部制度设计,理论上不利于国际合作,增加了全球治理的成本,已经构成了全球治理的内部制度障碍。这么说并不是批评或者否定一些国家的内部制度,而是要提醒人们在推进全球治理和地区治理过程中，需要从政治学和国际关系学层面上反思这种现实制度的局限性。这方面，中国的民主制度在解决国内政治和国际关系合作协调方面的有益做法以及对全球治理的意义，似乎还不被人们所重视。

三、中国与全球治理体系转型中的国际制度

每个国家在世界中都面临着与国际制度打交道这个问题。好的国际制度是国际社会成员共同拥有的治理资产。中国与世界上规模最小的国家同为国际社会平等的一员，但是中国规模大，具有巨大的吸附能力。例如非洲所有国家加在一起的GDP为2万亿美元，如果去掉南非、埃及等地区大国，47个非洲国家只占全球GDP的0.5%，相当于中国浙江省的一半。[①] 当然反过来，也可以说非洲的发展潜力无限。体量规模大、自成一体的文明、悠久的国家治理经验、稳健的发展模式、拥有组织地区秩序的独特传统等，这些都是中国参与全球治理的内生资源和优势，也提醒中国在参与全球治理和地区治理进程中，必须牢牢把握独立自主的战略，以自己的方式能动性地为全球治理和地区治理贡献必要的国际制度。这一进程不是简单的"与国际接轨"或者"接受国际规则倒逼国内改革"这样的问题。为此，哪些国际制度需要坚持，哪些国际制度需要改革，改革的理念和方向是什么，哪些国际制度的改革需要放一放，哪些

---

① 刘鸿武：《构建中国的非洲学知识体系》，2015年9月18日在复旦大学国际关系与公共事务学院的演讲。

资料来源：http://www.sirpa.fudan.edu.cn/58/a8/c3694a88232/page.htm。

国际制度合理不合法，哪些国际制度合法不合理，哪些中国的治理规则能够转化为国际规则，等等。这都是中国参与全球治理需要综合思考的问题。

第一，中国是主权国际制度的维护者。主权是涉及国际秩序基础性、原则性的制度，因此，以联合国为核心的主权国际制度不应该改，也不能改。近年来，不少地区轮番出现不安和动荡，它不是像有的干涉主义理论所宣称的，是主权原则过时了、当地的政府组织方式落后了，恰恰是主权原则和政府没有得到应有的尊重的缘故。联合国在此方面确实有值得反思的地方。中国在联合国大会和安理会拥有的一票，既不属于发达国家，也不属于发展中国家，而是属于遵守《联合国宪章》和和平共处五项原则的一票。2011—2014年，中国在联合国安理会连续四次否决叙利亚问题提案，其动机不在于中国想从叙利亚得到什么，也不在于叙利亚是个发展中国家，而在于中国独立自主地站在《联合国宪章》和和平共处五项原则立场上进行投票。某个发达国家遵守《联合国宪章》办事，中国这一票就属于它，某个发展中国家如果违背《联合国宪章》，中国这一票并不必然属于它。

第二，引导国际社会在共同价值理念上形成一些新的国际规范。国际社会是由多种类型国家所组成的，是一个异质性很强的共同体。以一致改变多样，不符合文明发展的规律，以任何一家的价值观念要求甚至强求他人，奉行"道不同，互相讨伐"，违背和平发展、和平共处、和谐共生的精神。"道不同，不相为谋"的自视清高或者封闭孤立，也非当今时代各国立足于世界之道。各国道路不一样，但是都有合作的基本交集，这就需要有"道不同，互相为谋"的气度。围绕"共"与"互相"，循着共商、共建、共享、共赢、和谐、共生、共同但有区别、团结等共同性价值理念，才容易构建更为广泛和包容、也更加契合一个多极世界的规范性国际制度。这也是为什么多年来中国在推动规范性国际制度改革方面试图为全球治理规范提供新的选择可能的原因。

第三，中国与国际组织的关系正在从简单的参与者向承担更多责任的管理者角色转变。中国除了积极参与既有国际组织的机构改革外，同时还单独或者同他国共同成立了一些新兴国际组织，扮演着管理者、运营者的角色。国际组织愈来愈成为全球治理的行政支持体系，大国可以借助它推动观念的扩散、规则的制定、信息的汇集等。如何学会与他国一起共同有效地管理更多的新老多边组织，可谓中国外交和公共行政的新课题。

第四，在变化较快的国际经贸和行业标准领域，随着中国从经贸科技大国向经贸科技强国的发展，要有战略意识推动中国标准的地区化和国际化。标准的推广不完全是市场行为，背后更需要国家的战略支持。目前，中国标准的国际认可度与中国的贸易大国地位远远不相称。据统计，中国主导制定国际标准数量不多，仅占国际标准总数的 0.7%。[①] 在经贸领域，并不是简单的更高标准和更低标准的争论问题，而是如何找到适合大多数国家发展的标准才是好标

---

① 支树平：《提升中国标准，促进世界联通》，《人民日报》，2015年10月14日第13版。

准。在重视"与贸易有关的知识产权"规则的同时，更要重视致力于推动"与贸易有关的发展"规则，后者比"与贸易有关的知识产权"规则适应的国家范围要更加广泛，且其是包容性而不是排他性的，共享属性比独占属性更强。中国近年提出的"一带一路"倡议，涉及许多与周边国家的互联互通规则和便利化规则建设，以大大促进亚欧大陆政治经济社会的流动性。这些都是中国在地区治理规则建设上可以大有作为的领域。

第五，关于参与全球治理进程中"两类规则"的处理。将自身的利益和主张同更多国家结合起来，进而转化为大家共同的利益和主张，并借助国际制度巩固下来，是大国进行制度供给较为普遍的做法。正如前文所说，在"两类规则"关系上，中国现在面临的不是简单的、单向的"与国际接轨"或者"接受国际规则倒逼国内改革"这样的问题，而是需要将"两类规则"统筹起来对待。就"两类规则"而言，核心是处理好国内法律法规和国际法律法规之间的关系。两者的关系既包括将国际上通用的规则经过转化变成国内法律法规体系的一部分，更要重视积极主动地将中国规则通过多边组织转化为国际规则的一部分；既包括积极参与国际规则的立改废释工作，更要重视在推动国际关系民主化进程中，探索构建中国特色的国际法理论和实践体系；既要在涉外事务处理中与通行的国际法律法规体系保持一定的衔接，更要牢牢坚持国内法治体系的独立性；既要重视参与一些具有广泛代表性和合法性的国际法院系统，更要重视积极探索建立亚洲地区性法院系统的可能性和必要性。一个完整的中国法系既包括国内法律法治体系，也应当包括在推进国际事务民主治理和国际秩序建设中所形成的更多具有中国式理解的国际法律法治体系，从而更为有效地通过新兴国际法律规则的制定将中国同世界共同的和平发展成果固定下来。

第四节　为全球性问题提供治理方案

全球治理是政府、社会组织和企业等共同合作，通过订立各类国际制度，在国际社会对主权国家管辖权以外的全球性问题形成有效管理，最终使国际社会接近秩序的过程。在当今国际社会，日益增加的全球性问题处于一个缺少管辖机构的政治市场中，以民族国家领土为界限所设计的国内制度，将注意力集中在国内问题的治理上，不仅忽视全球性问题治理的意义，有时候，国内制度的设计还助长了国家将国内问题的成本转移到国际政治中。自19世纪以来，一些国家和非国家行为体意识到，需要建立国际制度管理这些处于主权国家管辖权之外的共同问题，以避免这类问题因治理不足而威胁到国际秩序和国内秩序，由此促使国际制度在国际关系中的地位日益上升，制度建设因此成为全球治理演进的核心。

一、内外政治互动的三种方式

全球性问题的治理不足，与国内政治和国际政治严重分离的事实（以下简称内外政治的分离）有关。当今国际社会，各国在内外政治之间的关系上还未形成统一的共识。在两者之间的关系上，基本上存在三种认识和实践。

第一种认识是内外政治的一元论，即要么认为国内政治从属于国际政治，要么认为国际政治从属于国内政治。对于大部分国家特别是霸权国家来说，占支配地位的思维是认为国际政治要从属国内政治，也就是当两者发生冲突时，对内政的考虑会压倒性地重于对国际事务的考虑，进而言之，拥有强大能力的国家，甚至倾向于将内政模式推及和应用到全球治理领域。一元论的外交结果是较少考虑国际社会的整体利益或他国的利益，在政策制定上倾向于以自我利益为中心。一元论的另外一种表现是国内政治服从国际政治，内政的调整不是在所有情况下，但至少在大多数情况下，受制于国际政治。那些处于世界体系边缘和外围的中小国家，或者处于全球相互依赖极不对称状态下的国家，往往不得不选择这种途径。

第二种认识是内外政治的二元论，即认为国内政治和国际政治本质上处于两个不同的且平行的领域。在国内政治中，存在强烈的等级治理结构，可以形成自上而下的治理结构安排，而在国际政治领域，因为没有世界政府，国际安全治理服从均势的自我调节机制，其他全球性问题治理只能依赖国家的善心和自觉。有的时候，内外政治还会处于冲突状态下。民族国家制度强化了内外政治对立的现状。在传统政治学教科书中，政府在保护固定领土上居民的安全和福利上，职能定义得很明确很清晰，但是，对政府行为可能在国际上产生负面效应的约束上，定义则很模糊。这就造成政府对内责任与对外责任出现不平衡。在代议制民主国家，由于政府更受制于国内选区利益，此种情况往往尤甚。毫无疑问，在内外政治的二元论思维支配下，国家会把重点投在国内治理上，至于全球治理，因为与国内治理无多大干系而被严重忽视。

第三种认识是内外政治二元协调论，二元协调思维不将内外政治分离、分割开来，相反，却从两种政治合作统筹的角度，重视内外政治的对话协商，追求国内责任和国际责任的平衡，探寻国内问题和全球问题的综合治理观。内外政治二元协调的整体思维是对传统主权观念的发展和突破，它并不否定主权制度在现代国际秩序中的基础性意义，也不将全球问题治理理想化地寄托在世界政府或霸权国家上。这种思维支配下的政治实践，对弥合既有国内政治和世界政治的分离，以及探索内外政治整合的政治理论，具有新的意义。

显然，各国内外政策在不同程度上均受到上述三种思维的支配，即便使同样一个国家，在不同的议题领域，往往也会被相异的内外政治思维所左右。内外政治的一元论和二元论都不利于全球性问题的治理。一元论容易犯的错误，是在观念上希冀以特定国内政治模式指导全球治理，在行动方式上以单边行为取代集体协商，在治理结构上以霸权结构代替民主结构。在全球治理模式中，内外政治一元论的治理形态可以在人类最古老的大地域政治形态——"帝国"和"霸权国家"中——找到对应。二元论是大多数国家在全球治理上的支配思维，这并不是各国愿意服从这个逻辑，在很大程度上，它是传统的主权国家制度安排的自然结果。良好的全球治理，需要建立在内外政治合作的基础上。本书从这个前提出发，探讨中国与全球治理关系的独特性意义。

二、中国参与全球治理的进程

一般来说，人们习惯从时间、事件、领域来概括中国参与全球治理的进程。流行的分类是以时间为标尺，比如，在过去的40年中，改革开放、社会主义市场经济提法的出现、中国加入世界贸易组织、2008年金融危机以来中国在国际体系中积极的建制努力等，都可作为中国与全球治理关系中的重大事件。也有学者是从中国参与国际制度类型来看这一进程的，中国参与了从高政治到低政治、从传统安全到非传统安全、从经济环保到军控人权、从正式到非正式的几乎绝大部分国际制度。此外，还有学者从政企关系、部门关系、国家—社会关系和中央—地方关系角度，考察中国参与全球治理的进程。

时间、事件、领域只是中国参与全球治理的表现形式，如果换个视角，比如从上述内外政治协调论的视角出发，或许更有助于了解中国参与全球治理进程的独特性。在以上三种内外政治分析取向中，出现以下几种观点，值得参考。

第一，一种观点认为参与全球治理的进程就是中国对国际制度很好的学习过程，反映了中国在国际体系中的社会化。比如，一些国际制度（如环保规范、烟草控制等）在中国的接受和内化，体现了学习的过程效应，当然，学习的过程可能是一个曲线，但学习的指向是总体线型向上的。这种观点具有比较广泛的影响，它在特定范围、特定议题领域、特定的"学习"阶段确实具有一定解释作用，但它不是没有缺陷的，比如，它过于强调国际制度对中国国内治理的单向指导作用。在该分析条件下，中国是作为受动方被分析，中国的能动性和创造性则被大大忽视。实际上，中国作为一个超大规模国家，其深层意识结构中所包含的主体性资源，使中国在面对国际制度和规范时，同其他发展中国家或转型国家不同的是，中国并不是不加选择地接受和学习的。换句话说，中国会根据自己的判断，接受那些反映人类进步政治文明的国际制度，搁置某个阶段暂不适合中国的国际制度，反对不合理的国际制度。因此，学习过程并不是被动接受的学习过程，而是对学习的内容和进程具有主动选择的特点。更进一步说，或许最不该忽视的，是中国对有些国际制度发挥了能动性的改造作用，况且，中国在国际制度建制上也非常积极。因此，国际制度确实在中国产生内化效应，但是与内化相对的一面，即中国在国际制度改制、转制和建制中的能动性、创造性工作，却被忽视了。

第二，与内外政治一元论有关的第二种观点，是认为随着中国的崛起，中国会将国内政治经济中的成功模式推广到地区和全球治理中，如同美国在过去近一个世纪经营国际秩序时所努力做的一样。即便从保守的角度看，中国凭借本身的规模和体量，一旦融入国际体系中，也会对国际体系既有的制度和规范形成冲击，迫使有些国际制度改革方向按照中国的方式来进行，也不是没有可能。从世界历史中大国兴衰的规律看，当一个国家的物质力量迅速崛起的时候，该国的世界意志和世界意识会随之勃兴，物质力量的成功会造成该国对其成功的国内制度的自信，且很容易产生强烈的冲动，将国内制度移植到世界政治中。假如这种思维支配中国对全球治理的参与，中国则可能走向对外输出制度的扩张道路，甚至有人会认为，东亚国际体系和治理会按照过去中国的朝贡体制模式来塑造。

第三，从二元论来看，中国对全球治理并不感兴趣，因为中国会严格地将国内政治和国际政治区别开来，或者说，内外政治处于严格的分割状态，甚至是冲突状态。按照这种思维，是不存在中国参与全球治理进程的：首先，中国的议程兴趣集中在国内而不是国际，在很长一段时间，中国主要还是一个内向型的国家，在国家建设没有充分完善前，中国不会大规模地主动介入全球治理中。因此，中国只要把国内问题解决好，就是对全球治理的最大贡献；其次，中国对全球性问题并不持积极参与的态度，中国只会从自己利益角度出发，最低限度地参与全球治理，甚至中国对待国际制度的态度也是矛盾的，担心更深地参与国际制度会束缚住中国自主的行为；再次，中国国内民族主义会抵制中国对国际制度的参与和接受；最后，比较极端的看法认为，中国的社会主义制度与发达国家主导的国际体系中的资本主义意识形态是不可调和的。长期来看，两者间不存在合作的可能性，甚至会产生冲突。

以上三种逻辑都无助于很好地理解中国参与全球治理中的进程。在中国参与的特定全球治理议题，或者中国参与全球治理的某个特定阶段上，有些逻辑是有解释力的，但整体而言，这些看法似乎都不能令人满意。实际上，中国在学习过程中不丢失自主性，在崛起过程中不寻求对外扩张。至于二元论的观点，与中国在全球治理中扮演积极、活跃的角色的事实相比，显然存在很大差距。本书提出的假设是，内外政治二元协调是解释中国参与全球治理进程的重要因素。

将中国的内外政治互动定义为二元协调，并认为它是中国参与全球治理进程的独特性所在，是个需要进一步发展的假设。毕竟，在这个问题上，传统的政治学及中国政治研究还缺少完整的理论体系以资参考。笔者初步从三个维度对这个假设做说明。第一，从观念上看，中国对自己在国际社会中属性的定义，既有强调特殊性的一面，比如共产党领导、社会主义制度、中国特色社会主义道路，但在改革开放的基本国策下，中国也特别强调与国际社会共性的一面，尊重国际惯例，重视在全球化和相互依存状态下，接受那些反映人类政治的进步要求、为绝大部分国家普遍接受的观念，例如，多边主义、互信互惠、国际关系民主化、国际经济新秩序、共同安全、共同发展、包容利益等。因此，国家本位意识与世界本位意识在中国不是对立和冲突的，而是相互补充与融合的。第二，在制度上，国际制度与国内制度相互调适而不是相互抵触。中国能够将合理国际制度在国内通过立法和政策进行内化，例如，在立法精神上，当国内法与国际法出现抵触时，中国一般采取国际法优于国内法的原则，适用国际条约的规定，但中国声明保留的条款除外；在国内法与国际法关系上，中国更倾向于两者的联系和补充，而不是对立和抵触。在国内诸多公共政策制定上，中国有鲜明的政策传统，即在不违背国家核心利益的前提下，参考、借鉴国际组织和国际社会比较普遍的合理做法。例如，近些年中国在环境保护和千年发展议程领域，国内公共政策与国际公共政策就保持高度的联动。第三，在利益认知上，中国不完全以自我利益为中心定义其利益，而是更多地将本国人民利益与各国人民利益以及人类共同利益联系起来判断利益。随着中国社会多元化的发展，利益群体出现分化的趋势，分化的利益在代议制民主国家常常转化为对外政策诉求，从而出现局部利益损害国内大多数人整体利益或者国际社会共同利益的现象，这种现象在代议制民主国家是比较普遍存在的，此利益机制是导致代议制民主国家国际专制行为原因之一。不过，这种现象在中国却较少出现，原因是中国的政党制度和人民代表大会制度，这些制度的功能之一是汇聚广泛的利益共识，减少局部利益、个别利益凌驾于国家整体利益之上的可能性。

内外政治的二元协调是全球性问题得以解决的重要途径，也是中国处理全球性问题与众不同的视角。虽然在局部的议题上，我们也会发现中国对全球性问题的处理类似一元思维或者二元思维。但是，就连贯性和整体性而言，内外政治的二元协调更能刻画中国参与全球治理的进程逻辑。

三、中国在全球治理中的作为

一旦转换了视角和思路，我们就更容易理解中国在全球治理中的行为。如果从内外政治二元协调的角度出发，就能比较清晰地判定中国在全球治理中的角色和行为。需要回答的问题核心是：在全球治理中中国是否持合作的态度？

认为中国不会或者难以合作的观点主要是：第一，中国在全球治理中的行为是自我利益导向的，对中国有利，中国就参与，对中国不利，中国就回避；第二，随着中国实力的上升，中国寻求主导全球治理的结构和进程，即其行为是以取得霸权的逻辑为支配的，这使得中国的行为会与其他国家产生冲突；第三，至少在西方人眼中，中国不是个民主国家，国内缺少制衡机制，对外行为乃至在全球治理中的行为是不确定的；第四，中国国内法治的薄弱削弱了中国在全球治理中的承诺效果。

这些观点仍然主要基于一元论或者二元论而得出。从内外政治二元协调的整体思维出发，笔者试图初步提出与这些观点不同的替代概念，用以解释中国在全球治理中的行为。

第一，中国的行为是自我利益最大化导向还是合作最大化导向？

利益最大化被广泛用来解释个人和组织的行为，这个假设在社会科学中遭到越来越多的批评。在一个你死我活的生存状态中，这个假设是有解释力的；但是在一个"你活我也活"的世界里，这个假设的效应会大打折扣。在相互依赖的强互惠关系状态下，合作最大化要比利益最大化逻辑更有解释能力，此行为对社会秩序维系来说也更有必要。行为若以利益最大化为指导，必然导致冲突；以合作最大化为起点，则可以在整体而非个体基础上，对包括利益在内的更大范围议题上，促进行为体和平共处、和谐发展。从利益最大化到合作最大化是国际社会亟须转变的生存哲学。如前文所述，在全球性问题的政策宣示和实践上，中国强调把本国的安全考虑与别国的安全关切结合起来，重视将本国的发展与其他国家的发展联系起来，着重将本国人民利益与各国人民利益和全人类共同利益统筹起来。因此，这里是否可以认为，是合作最大化而不是利益最大化更能表达中国在全球治理中的行为动机。

第二，中国的行为是不受限制的还是有约束的？

先验地以西方民主标准来衡量中国的社会主义民主质量，往往会因为不当的类比而影响人们的判断；而假设采纳现行的西方民主制度能够促使中国在全球治理中更为合作，在逻辑上反倒存在很大的缺陷。从西方选举民主的内在逻辑来看，选举民主不是反映民意和产生代表较广泛民意且又相对保护少数人权利的公共政策的好方法，一些政治经济学研究已经对这一观点做出解释。例如，西方国家在几百年历史中频繁地对外战争、转嫁经济危机和社会矛盾这类不合作行为，是与其内部制度有极大关联的。选举民主无法制约国家对外强制行为，反而更容易使一国不负责任地将内部压力转移到不受民意关切的国际政治市场中。因此，按此逻辑，假如中国的国内制度真的转为西方的民主制度，国家权力为资本而不是由人民所控制的话，以中国的崛起速度，中国更可能成为寻求对外扩张和霸权的一个国家，为了一个大公司的利益就可能大打出手，那样，中国的和平发展道路就失去了国内的制度保障。实际上，撇开中国内部政治制度的自我约束，以及参与国际制度给中国带来的外部约束因素不说，内外政治合作性互动的增加，使中国更易于从整体而非狭隘角度判断是非、曲直与利害，行为更为节制而不是扩张。

第三，中国的行为是违背承诺还是更有力地遵守全球治理的承诺？

关于"中国在全球治理中是个不守规则的国家"的判断，最被广泛引用的推理就是：只有那些国内拥有良好法治状态的国家，才可能在全球治理中恪守承诺，反之亦然。如果对这个判断不深作追究，会很容易接受这个乍看很有道理的结论。本书提出一个替代的假设就是：一个国家在全球治理中是否遵守合理国际制度，决定性的因素是这个国家的内外政治是否协调合作。只有在内外政治协调的前提下，一个国家才更可能在全球治理中恪守承诺。这个假设看上去有些因果自我循环，不过，如果回到内外政治互动的一元论和二元论上，这个假设就清楚了。按照前面论及的一元论和二元论，设想一个法制很健全、法治化程度很高的国家，只要它的内外政治互动受到一元或者二元论的支配，它完全可以以国内法优先的原则不理会国际制度的约束，或者凌驾在国际制度之上，或者以两个独立而且冲突的法域为理由，拒绝接受国际制度的约束。所以，内外政治的不合作甚至冲突，才是一国是否在全球治理中有效兑现其承诺的要害所在。中国的社会主义法制体系建设处于不断完善的进程中，法治化程度在逐步提高，而中国与国际制度合作性的互动本身，也极大地促进了中国的法制建设和法治化程度，并由此进一步支持了中国对国际承诺的遵守。但最关键的还是中国始终从内外政治二元协调角度看待中国与世界的关系，内外政治的良性协调互动，保证了在全球治理中中国拥有更强的信度，遵守和执行所做出的国际承诺。在现实中，中国在全球治理的履约问题上，也是最恪守承诺的国家之一。当然，这并不是说中国在国内政治中，最有力地执行，或者最快地遵守了所有的国际承诺。比如，在最近的《世界卫生组织烟草控制框架公约》的国内执行上，中国实际上招致了一些国内外批评。

总的来说，内外政治的二元协调容易汇聚国内国际共识，使一国在全球治理中的行为具有更明确的预期性和确定性，减少了国际制度的执行成本，有助于提高全球治理的效率。

四、中国参与全球治理的结构塑造

全球治理是一种组织结构。公司的组织结构是要保证获得利润，国家的组织结构是要确保安全、福利和秩序，全球治理的组织结构是要有利于全球问题得到较好治理。虽然非国家行为体在全球治理网络中的作用不可忽视，但在很长时间内主权国家仍将是全球治理中能量最大、资源汲取能力最强、行动最坚决，以及最能给予全球治理以支持的行为体。因此，探讨全球治理结构，不能脱离和超越主权国家。在当代世界政治中，从国家本位出发，有两种全球治理结构为人熟知，一种是帝国形态的全球治理结构，另外一种是发展中的欧盟超国家地区治理结构。两种治理结构的共同点，均在于形成自上而下的、类似国内治理结构那样的等级治理结构。两者不同之处在于，超国家治理结构通过同质国家合并完成等级制建设，说国家是同质的，是指那些拥有相近政治制度、法律体系、社会文化的国家，反之亦然。帝国治理结构则是由一个霸权国家通过军事联盟体系和金融贸易制度，在同质甚至异质国家之间确立自上而下的等级治理结构。超国家治理结构类似单一制或者联邦制国家结构在国际范围的放大，霸权的帝国形态的治理结构，是在霸权国家与附属国之间形成中心与外围的关系。

本书暂时还很难用一个准确的词语概括中国的全球治理结构特征。不过，至少有两个刚性限制条件，使中国在全球治理结构的选择上不大可能走欧盟超国家或者美国的帝国治理结构途径。这两个限制条件是：其一，假设像欧盟那样以同质国家为基础形成等级治理结构，那么在国内制度上，中国的社会主义制度与大多数国家不具有相似的条件；其二，中国宪法和政治制度的内在约束，使中国不可能在国际关系中选择走霸权道路。这两个限制条件都是刚性的，它们决定了中国的全球治理结构既不会走国家合并的欧盟道路,也不会选择以霸权方式确立中心—外围结构的美国道路。另外,比起一元论和二元论,中国内外政治二元协调的模式也最不可能在全球治理中追求自上而下的等级制结构。

中国在国际制度改革上的一些主张,对全球治理结构的塑造倒会产生引导性作用。如果全球治理结构通过其全球性问题的治理质量来衡量的话,那么它至少应该体现平衡性、代表性和有效性的原则。在国际经济新秩序上,中国主张建立公平、公正、包容、有序的新秩序;在国际环境治理中,中国坚持共同但有区别的原则;在安理会改革上,赞成建立一个更加民主、公平、透明、有效和问责的安理会;在国际货币基金改革上,中国敦促基金组织增加发展中国家代表权,促进国际货币体系多元化、合理化;在世界银行改革上,中国呼吁推动发言权和代表性改革;在世界贸易组织改革上,中国强调要能维持开放的自由贸易;在20国集团建制上,中国关注峰会机制的有效性。总的来看,在有效的全球治理结构塑造上,中国主张治理结构要反映国际政治的多极化、世界经济的全球化、国际关系的民主化、世界文明的多样性的趋势和特点,强调公平、包容、有效、问责和能力为治理结构改革的核心。

从参与国际制度的深度来看,中国是当今几乎所有国际制度的成员国,但是中国不单是国际制度的参与者。在国际制度中,中国还承担着重要的管理者和建设者的角色,中国是联合国安理会常任理事国,国际货币基金组织的第三大投票权国家,世界银行和亚洲开发银行的第三大股东国,联合国安理会常任理事国派驻维和部队人数最多、军事贡献最大的国家。同时，中国是冷战结束后一些地区性新兴国际制度的倡导者和建设者，这些新兴国际制度如上海合作组织、中国—东盟自由贸易区、中阿合作论坛、中非合作论坛、六方会谈机制、清迈倡议多边化货币互换协议、金砖五国首脑峰会等。另外，尤其值得注意的是，在沿边地带，还存在许多中国与邻国共建的小区域或次区域合作机制。这些新兴国际制度有的完成了组织化、正式化建设，更多的则仍处于非正式化阶段。

中国内外政治协调的模式对于我们思考全球治理结构转型的最大启示，或许在于其通过内外政治合作的方式，以及相应的制度保障机制，最大限度降低国内公共政策在国际范围内的负效应。实际上，从内外政治角度观察，当前全球治理结构的一个最致命制度漏洞，或者许多全球性问题不能根治的根本，在于缺乏一个沟通国内制度与国际制度的机构，使主权国家的公共政策能够在国内层面得到自动约束，避免和降低国内公共政策的域外负效应。这是全球治理结构和各国国内治理结构几乎不愿触及的问题。在美国主导的第二次世界大战后的霸权治理结构下，一方面，其设计的国际制度缺乏约束美国行为的他律机制，另一方面，其国内制度并不存在评估其国内公共政策的域外效应，并以此进行自我约束的自律机制。布雷顿森林体系后的国际金融体系，危害的根源正在于此。要堵住这个制度漏洞，构建真正良好的全球治理秩序，自律的约束机制必须嵌入国际制度改革及各国内部制度改革中，而这首先需要各国在认识上逐步摒弃内外政治的一元论和二元论思维。

五、共有知识生产对全球治理的意义

内外政治的二元协调显示中国参与全球治理的进程、行为和结构的独特性。然而，这种独特经验需要借助智力的创造和提升，以将中国的全球治理实践转化为更大群体范围所分享的共有知识。只有通过这种转化，才有利于将中国与其他国家共同拥有的好的治理经验巩固和传承下去。

共有知识是行为体之间就某个事实形成共同理解的知识，它帮助行为体形成共识，保证行为体采取自发集体行动。共有知识比普世价值对促进国际社会合作最大化的行为更必要。在群体和组织内部，共有知识是认同的纽带，在不同组织之间，共有知识是组织间对话、合作、一致行动的重要文化资源。一国在内外政治二元分割、对立甚至对抗的基础上，是不大可能将自己的政治实践转化为更大范围内的共有知识的。一方面，它的知识可能以局限在狭窄地域的地方知识的形态表现出来；另一方面，由于缺少或者拒绝与外部世界的合作性交往，它的知识以封闭、斗争、对抗的形式反映出来。不过，在当今世界，对全球治理危害甚大的是一元论下的霸权知识体系，大凡利用普世价值观或者国内政治模式去改造世界政治的，其政治实践的经验，大多通过在我们和他们、文明与野蛮、先进与落后、挑战与反应、解释者与被解释者、征服与殖民、傲慢与偏见这些主题下，完成一整套霸权知识体系的构建。

有效的经验、概念化过程、组织化推广，是一个国家能够为全球治理贡献知识类公共产品的过程。一方面，全球治理的共有知识

来自内外政治合作的实践，一国的内外政治，以及国与国之间实践越能在平等、互信、对话、沟通、互惠、存异基础上展开，其互动经验越可能被提升和转化为各方接受的共有知识，成为凝聚全球治理共识的资源；另一方面，共有知识也可能来源于一国本土的实践，这些实践通过智力创造和文化交流，同样可以成为更大范围人群共同拥有的知识。例如，在发展和国内治理上，新中国积累了许多经验。比如，中国国内发展中的对口援助模式；中国在经济落后情况下如何在农村完成公共卫生体系的覆盖；中国的社会救助救济方式；中国打破社会科学不可试验的流行看法，在发展中通过试点试验纠正错误积累经验再推广的模式；过程民主是如何提高了中国公共政策决策的科学性；中国的基础设施改善经验；中国降低文盲率的途径；中国改革中的双轨制改进经验，等等。

　　好的经验需要上升到理论，如果这些经验不通过学者上升为可以写进教材的概念化知识，并通过组织化行为推广，它们就是分散的、孤立的，而且随着代际进程，很容易在记忆中散失，缺少被推广、被借鉴、被学习的可能。更有甚者，一旦某些经验在其他国家也存在，并被学者上升为概念化知识在国际上得以推广，自己就失去了此经验的知识专利权。我们现在社会科学中的许多概念来自国外，不完全是中国缺少创造能力，很重要的原因之一是我们在现代化起步上晚于西方，我们没有经历过某些发展阶段，自然就没有提炼概念的社会实践素材。但是，中国和平发展的现代化道路与西方是不同的，其自身积累了许多独特有效的经验，超出了西方现代化知识的解释范畴，因而需要智力和努力，从实践到理论，上升为概念化知识,再在文化交流中转化为人类共有知识。从某种意义上讲,国家的软实力就是如此一步一步积累起来的。

中国公共卫生学之父陈志潜教授于20世纪30年代在河北定县进行了乡村公共卫生体系建设,其基本做法后被概括为农村公共卫生体系的"定县模式"。1958年到60年代末,在缺乏人力财力基础上,中国农村能够建立起广泛的卫生保健体系,陈志潜的贡献功不可没,其模式还被世界卫生组织和联合国儿童基金会认为不仅适宜中国,而且适宜推广于广大第三世界国家。① 可见,经验无处不在,但要通过智力创造,将其概括为广泛接受的概念并成为专利,才具有促进本土知识向共有知识转化的可能。

世界政治在21世纪的迫切任务之一,是看谁能为全球性问题提供有效的治理方案。全球性问题在议题间的重叠性,与国内问题之间的联动性,以及在时间上的连续性,使政治家和学者们不能仍然立足于国内政治与国际政治的分割,因为那样很难找到有效的解决方案。好的解决方案需要认识上的突破。但是,长期以来,世界政治理论或者国际关系理论的建构,要么是在内外政治分离或者对立的前提下完成的,这导致国内政治理论与国际政治理论的分流而

---

① 陈志潜(1903—2000),中国农村医学"定县模式"的探索者和创立者,中国社区医学的创始人和奠基人,基层卫生保健事业的先驱,中国公共卫生学之父。20世纪30年代,他进行了拓荒式的乡村卫生医疗实践,以"注重现实,强调国情"的实践医学,在河北定县进行公共卫生体系建设,其农村公共卫生体系建设经验被称为"定县模式"。他撰写的《中国农村的医学:我的回忆录》一书由美国加州大学出版社出版,由中华医学会推荐给发展中国家做参考。

不是合流；要么是在一元论的背景下进行的，这导致世界政治理论成为国家理论的翻版。它们都不利于突破学科和国家的边界，整体地思考世界政治理论的建设。

由于内外政治分离而产生的大量置于各国管辖权以外的全球性问题，不仅是21世纪国际政治，同时也是各国国内治理面临的共同问题。全球治理呼唤新的全球合作形式。本节剖析了内外政治互动的三种方式，并在内外政治二元协调的框架下理解中国在全球治理中的进程、行为、结构和知识。内外政治二元协调是中国参与全球治理，乃至中国对外关系中的独特模式。这个概括不是绝对的，也可以找到反例，挑战这个假设。但是从行为的连贯性、事实的关联性和结构的整体性上，这个假设至少可以视为有效解释中国和平发展道路的逻辑之一。

第五节　以新标准研究中国制度

有关中国道路、中国模式的研究是近年来备受关注的话题。根本原因在于，中国超越了所谓西方特色政治学理论的假设，为人类探索更好的社会制度提供了中国方案。但有一点需要说明，当我们讲制度自信，不是因为国家强大了才有制度自信，而是因为一直怀有探索更好社会制度的信念和自信才有了国家强大。

国内外不少学者都预言说，只要继续保持稳定增长局面，不远的将来，中国就会成为世界第一大经济体。要知道，人类近代以来的历史还从来没有一个社会主义国家经济总量跃居世界第一。与之相应，从现在到未来，关于社会主义中国制度体系的研究、传播，将成为国际学术界一个重要的前沿研究议程。但我们为此做好心理和理论准备了吗？

一、用别人标准套自己只会沦为配角

目前，有关中国制度体系的观察乃至理论化研究工作还存在一种现象，即仍用西方政治学概念和理论，对中国的政治和外交发展进行叙事。例如使用西方特色竞争性政党理论、制衡对抗和权力分立、威权、财政联邦主义、国家—社会对立的二元观、票决、霸权色彩的大国外交理论等，理解和解释中国的制度体系和政治外交发展。

这些解释表面上看蛮符合西方的学术标准，似乎拥有了"国际"学术对话能力。但实际上，一来很多西方学术概念和理论带有意识

形态色彩，硬套中国的话往往会同中国制度精神和原理发生冲突；二来这些概念和理论总有裁减中国制度体系之嫌，无法真正解释中国；三来从追求学术独立的角度讲，一个国家特别是大国，如果一味地追求把自身政治实践经验当作别人概念和理论的一个案例，将很难形成自己的政治学知识体系，因此形成的成果，也只能成为别人知识体系的一部分。

因此，观察和研究中国制度体系，首要的理论工作在于立自己的标而不是对别人的标。这个认识问题不解决，被别人的标准牵着鼻子走，最后形成的政治学知识不仅会成为别人知识体系的配角，还可能对自己的政治发展实践起到误导作用。世界上不少国家在这方面已经留下政治教训。

一个比较典型也容易让人理解的例子常被提到，那就是在西方对抗式制度体系中，制衡是其制度体系运行的一个原理，而在中国协商合作的制度体系中，监督是我们制度体系运行的一个原理。因此，我们政治学的着力点，是要探索研究中国制度体系中如何发展和完善监督体系，而不能总是被动地用西方特色对抗式制度体系中的制衡学说，来理解和指导我们的制度建设。

再如，党建理论是中国政治学理论体系中的重要组成部分，西方特色的政治学理论中没有党建。那是不是我们的政治学理论为了对标，就得舍弃或淡化党建理论了呢？

又如，在对外关系上，用一体化理论不但解释不了中国提出的"一带一路"倡议，反而更容易引起中小国家的疑惑。倒是"一带一路"建设的实践过程，更多地体现了中国和世界都能理解和接受的互联互通理论。把互联互通理论讲清楚了，就可能成为中国特色大国外交在区域合作问题上超越西方特色区域合作国际关系理论的一个方面。

所以，立自己学术和政治的标，而不是接别人学术和政治的标，是理解、研究、传播中国制度体系知识的前提。从这个意义上讲，虽然我们说中国为人类探索更好的社会制度提供了中国方案，但如果只是对了别人的标，那还不是中国制度方案，而只是别人制度理论或制度方案在中国的本土化而已。只有立了中国的标，形成的东西才能说是具有原创性的自己的制度方案。

二、将"中国特殊"转化为"世界一般"

理解、研究、传播中国制度体系知识，不是要否定别人探索的政治知识，也不是要对外搞制度输出，而是要建立我们对自己制度的认识，确立我们制度体系在人类政治文明中的独特地位。现在，不少欧美国家以及一些模仿欧美制度的发展中国家都在国家治理方面碰到了各种问题，原因之一在于这种制度体系内在的对抗式安排。这对中国政治学知识形成了某种反证：按照中国制度体系标准来看，对抗式制度体系不符合国家治理常识和人类政治文明发展前进的方向。

就政治学知识国际对话而言，中国学界当尊重别国基于自身历史和国情选择的政治发展道路，不能形成某些国家那样的学术风气，动辄以自己的政治学知识标准来否定别国政治。但中国制度体系内在的中国政治学知识，又并非只有特殊。在不裁减或硬套别人的前提下，用源自中国制度实践的标识性概念和理论去理解别国和世界政治发展，就是中国政治学和国际关系理论知识从特殊走向一般的转化过程。首先尊重别人，在此前提下用自己成熟的概念和理论去研究别人，这是传播理论的一个有效办法。

现在的国际知识生产格局正发生变动，出现转移尤其是东移的趋势。社会科学中过去引进来的很多被认为是主流的理论，现在不再是主流了。在对人类新政治文明和制度方案的探索上，中外知识界实际上处于同一个起跑线上。在这种背景下，对于目前国内"双一流"建设中的学科建设，具体到政治学、公共管理和国际关系学科的建设而言，哪个学科最先能将中国政治发展、制度体系、国家治理、全球治理实践经验予以理论化、体系化，并在国际上将"中国特殊"转化为"世界一般"，它就很可能成为世界一流学科。

第六节　对话世界政党　共建良政善治

北京曾举行的中国共产党与世界政党高层对话会，为各国政党交流治党治国经验搭建了一个平台。大会主题是"构建人类命运共同体、共同建设美好世界：政党的责任"，各国主要政党代表聚会在中国，共商共议人类命运共同体和美好世界。仅此来说，它的意义在世界政党史上也属少见。

对话会为人们思考政党政治文明的发展方向提供了新的视角。近代意义上的政党是在西方对抗性政治文化背景下形成的，它同议会一起成为西方特色制度体系的重要组成部分。英文政党"party"一词把"y"去掉就是"部分"（part）的意思，代表不同群体、阶层乃至利益集团的政党，为了获得议会席位或执政地位，经常陷入"部分反对部分"的竞争怪圈。

这种政党对部分利益的关注多于对全体利益的关注，对内政问题的关注多于对外政问题的关注，对短期议题的关注多于对长期议题的关注，票决政治则进一步加剧了这种现象。这使西方政治学说基础上的政党政治出现庸俗化、娱乐化甚至劣质化倾向。有意思的是，后来西方政治学说又把竞争性政党政治和民主联系在一起，将其视为民主的一个重要标准。实际上，这是对民主的误读，因为人们很难将民主同"部分反对部分"的政治联系在一起。

相较而言，中国共产党的建党学说乃至治国理政逻辑，同那些只代表"部分"的政党的行为逻辑不一样。可以说，中国共产党重新定义了什么是先进政党以及先进政党的使命和责任，为政党政治焕发生机提供了新的选择。从这个意义上说,这次对话会不仅为各国主要政党提供交流治党理政经验和做法的平台,也起到促进许多政党反思自身在当今世界中的角色、作用、责任的效果。

另外,对话会还与中国特色大国外交发展有关。中国政治的确定性和不少竞争性多党制国家政治的不确定性越发形成鲜明对照。而中国外交又回避不了同多党制国家打交道,这使中国外交经常碰到"一对多"的难题,结果就是对方国家的政党轮替可能影响其与中国的双边关系。有时,中国甚至会莫名其妙地因为别国党争政治受损。

就此而言,对话会可在尊重别国内政的前提下,通过深入的对话和交流促进主要国家不同政党对中国了解,甚至促成它们在对华政策上形成某种一致和共识,这将有助于避免别国因为政党轮替而影响与中国的双边关系,为中国未来发展创造良好外部环境。

当今世界存在不少治理赤字和难题,政党在治理赤字问题解决上能发挥更大作用。各国主要政党借助中国共产党与世界政党高层对话会这个平台交流互鉴,这是以前国际政治不可想象的事,可谓世界政治领域一个了不起的创举。从中可以看出,中国正通过一个个实际举措,切实推动人类政治文明往积极向善方向发展。

第二章 大国治理的现实境况

第一节 西式民主话语体系的陷阱

进入21世纪以来,世界政治思想界发生的最重要事件,莫过于被打造成唯一模式的西式民主在国际关系中的失落和衰落。一批曾经活跃在西方学术界和宣传界的民主推广人士要么是因为底气不足而失声,要么是因为西式民主失灵而转行,还有一些在为西方民主的普遍适用性做无力的辩护。与此同时,近年来一些西方国家内部出现了越来越多与其宣扬的民主相悖的现象,如信息监控、种族矛盾、政治极化、外交承诺的随意性等,加上西式民主输出在发展中国家制造的陷阱、动荡和混乱,凡此种种,从直观上加深了人们对西式民主学说及其对外输出弊病的认识。

然而,只有在更深入地了解西式民主理论的叙事和表达结构之后,或者说,对这套理论背后的历史编纂学有所了解,才能由表及里,抓住西方民主话语体系的本质,从而增强对各种民主学说及其背后意识形态的鉴别、分析和扬弃能力。

西式民主理论编纂最流行的方式是将西式民主、资本主义民主这一特定概念,转换和包装成一个普遍概念。马克思恩格斯在《德意志意识形态》中精辟地指出:"占统治地位的将是越来越抽象的思想,即越来越具有普遍性形式的思想。……这在观念上的表达就是:赋予自己思想以普遍性的形式,把它们描绘成唯一合乎理性的、有普遍意义的思想。"资本主义体系在世界扩张进程中取得一定的物质支配力量之后，便着手从思想上完成对世界的精神支配。自此，西方主流的民主学说很快与其意识形态宣传结合在一起，经过几代人的努力，完成对西方民主从特殊到普遍的改造。在这一表述结构中，所谓西式民主的普遍意义是借助一个对立面来衬托的，也就是常见的民主—非民主/专制这样的二元对立叙事方式，其不是在别人政治发展经验和教训中获得正反镜鉴，而是在否定别人政治制度的对立中树立自己的标杆。从抽象意义上讲，民主和专制的二元对立本身并不存在问题，问题在于霸权国家在将自身塑造为民主的化身以后，得以将自己的利益巧妙地通过抽象的价值来进行了转述，它可以将一切对其统治不满的外部力量划归到专制独裁的阵营，任何反对或削弱其统治的外部力量，在话语表达上都会被表述为是"专制"对"民主"的威胁；如果有人对西式民主提出批评，那么其又会转换概念，将人们对西式民主的批评设定为是对民主的批评或者反对。

上述表述结构的弱点在于，当人们将所谓普遍的、抽象的、单数的民主还原为特殊的、具体的、复数的民主的时候，西式民主学说的市场范围必然出现萎缩。随着人们在民主问题认识上的提高，这个趋势愈来愈清晰。

西式民主理论编纂的另外一种方式是试图按照西式民主的价值来支配世界政治史和一些国家政治史的写作，这就是一度流行的所谓民主化的历史叙事。然而很清楚，西方特色政治学中所谓民主化的世界历史叙事，实质上是按照西方民主的正统和归属为线索来编写人类民主的历史发展的。在该历史编纂哲学的影响下，近代以来人们追求民主的历史被移花接木地转化为追求西方民主的历史，而西方对外输出民主的过程，又被巧妙地转化为近代以来世界的民主化浪潮的主流。在看上去像学术、同时在学术界较为流行的所谓几波民主化分期中，一些真正的民主运动的重要意义被刻意回避、省略或者遮蔽了，例如民族解放和民族独立、探索独立政治发展道路的运动以及中国社会主义民主政治建设实践，这些波澜壮阔的民主运动在这种民主历史编纂学中恰恰被刻意排除了，它们在20世纪以来推动世界民主发展上的意义，与西方民主输出不可并列而语。

尤其值得一提的是，在一些发展中国家乃至中等新兴国家，其本国的历史写作一旦被西方民主化叙事逻辑所主宰，很容易陷入发展阶段的前后冲突和自我否定之中，在不知不觉中失去自己历史叙述的主体性，造成历史认识上的割裂和断裂，进而引起社会动荡的也不在少数。20世纪80年代以来不少国家在采纳西方民主化的叙事模式来书写自己的历史的时候，政治发展进入一个困惑时期。因为一旦按照西方民主转型的标准来衡量自己的政治发展，其原有的、连贯的历史就陷入人为的对立、焦虑和折磨之中。这是当前不少发展中国家在政治发展进程中碰到的一个较为突出的历史表述难题。

第二节　西式民主的本质和缺陷

民主是政治学中最容易引起误解的一个概念，不同政治学说几乎都讲民主，但是理解和实践却有很大不同。进入 21 世纪以来，自诩为普遍适用的西式民主再次受到重挫，西式民主的内在缺陷所引起的周期性制度危机，成为西方政治发展难以解决的一个痼疾。认识西式民主的缺陷和弊端，目的不在于否定他国基于自己历史国情所选择的制度，而在于为我国社会主义民主政治建设提供必要的镜鉴。

一、少数人的民主

西式民主在本质上是以资产阶级私有制为经济基础的政治上层建筑，以维护资产阶级统治和总体利益为宗旨，反映的是垄断集团的利益，是少数人的民主。在观念表达上，它以"全民"的形式掩盖资产阶级利益的实质；在政治法律上，它把经济上的事实上的不平等虚幻地表现为平等。新兴资产阶级早期通过对民主学说的改造，在同教会、王权、贵族的斗争中取得思想优势，在当时具有进步意义。然而民主问题从来不是抽象的，它是有特定的经济基础的，资本主义生产方式中生产资料的私人占有和集中的固有特性，决定了资产阶级既是资本主义社会占统治地位的物质力量，同时也是这个社会占统治地位的精神力量。尽管资本主义民主通过各种政治手段巧妙地进行了包装掩饰，但仍然改变不了它是少数人的民主的实质，理论与实际相脱离、内容和形式相对立、形式上平等和实质上不平等的对立成为它的典型特征。在 20 世纪风起云涌的社会主义运动影响下,西式民主被迫进行了一定调适,比如扩大公民权和投票权范围。然而,"选举的性质并不取决于这个名称,而是取决于经济基础,取决于选民之间的经济联系",马克思主义民主观早已洞察了这一本质。民主的政治分母看上去大了,但是少数人民主的实质并没有改变,以致有人形象地将当代西式民主说成是"1% 民有、1% 民享、1% 民治"的民主。面对这一客观现状,西方一些具有批判和反思精神的学者,甚至不认为现在西方的民主是民主,因为"代议民主已经演变为现代寡头制了"。

二、低效的民主

在国家治理上,西式民主用权力分置的原则维护资产阶级的总体利益,不仅没有克服由资本主义生产方式内在矛盾引发的危机,而且各利益集团争夺导致的纠纷加剧了这种危机。早期资产阶级革命胜利以后,为了照顾不同利益集团的政治诉求,主要西方国家在国家权力的制度安排上大致采用了分割、制约和平衡的方式,分权制衡思想对西式民主发展影响甚深,这是由资本主义民主的经济基础决定的。马克思恩格斯在《德意志意识形态》中就此指出:"在某一国家的某个时期,王权、贵族和资产阶级为夺取统治而争斗,因而,在那里统治是分享的,那里占统治地位的思想就会是关于分权的学说,于是分权就被宣布为'永恒的规律'。"在实际生活中,人们又应该如何认识分权制衡造成的治理低效与西方国家治理阶段性的绩效之间的关系呢？在西式民主的演变历程中，当利益集团、政党的利益交集一致时，国家治理相对稳定有序，这反映了资产阶级统治集团利益的一致性。在另外一种情况下，利益集团和政党更多的是在对抗的制度设计下开展政治活动的，彼此掣肘、相互否决成为常态，国家治理常常处于"一国三公"状态，这种消极现象严重影响着国家治理效能。西方很多学者自己也承认，三权分立是一种过时的政治理论，因为其违背了基本的国家治理常识，如果各司一职的几大机构完全基于相互制约，任何政治体系都是无法有效运转的。然而，在西方国家搞的对外民主输出中，这种低效的民主却几乎被视为样板，不少发展中国家仓促按照分权、制衡民主理论设计政治制度，国家陷入一盘散沙。

三、内外矛盾的民主

在人类命运与共、世界互联互通的时代，一种好的社会政治制度，必须在与外部世界联系中实现内外政治的良性互动和秩序。西方民主制度在与外部世界打交道过程中，出现越来越多与世界发展大势相抵触的现象。从西方民主制度的内在设计上，不难发现一些难以克服的缺陷。当基于分权和制衡的对抗式民主的运转效应扩散到国际政治的时候，国内政治的矛盾自然被带到国际政治之中，且对抗式民主走向极端、演变为相互否决的时候，国际政治中许多来之不易的合作协议不得不因为这种"民主"而夭折，由此增加了全球治理的成本。当前，国际关系中的许多全球性问题需要各国通力合作才能够解决。站在客观公正的立场上，越来越多的人开始认识到：这种民主制度以及民主理论已不足以成为构建良好全球治理的国内制度基础，它日益成为人们探索更美好国际秩序的障碍。

第三节　对抗式制度体系导致西方之乱

近年来,很多西方国家出现社会紊乱甚至失序现象,如债务危机、暴恐频发、难民危机、选举出现"黑天鹅"事件、民粹主义高涨、右翼极端主义暗流涌动、种族歧视引发社会抗议和骚乱等。西方社会乱象丛生、治理赤字严重,表明资本主义正在出现系统性危机,并成为世界和平与发展的不确定因素。究其原因,对抗式制度体系是导致西方之乱的重要根源。

一、西方资本主义出现系统性危机

历史上,资本主义经历过多次经济危机,并在20世纪导致两次世界大战。"二战"之后,西方资本主义国家出现恢复性快速发展,而其内在矛盾和问题也加速积累。20世纪末,日本经济泡沫破灭,至今未见起色。2002年,拥有上千亿美元资产的美国安然公司宣告破产。此时,美国房地产领域的次贷问题已在酝酿新危机,积累着更具破坏性的负能量。一场因次级抵押贷款机构破产、投资基金被迫关闭、股市剧烈震荡引发的金融风暴,从2007年8月起席卷美国、欧盟和日本等世界主要金融市场,酿成20世纪30年代以来最严重的国际金融危机。

为应对这次国际金融危机,西方主要资本主义国家纷纷推出大规模经济刺激计划。但是,国家公共开支剧增同经济复苏乏力、税收减少的矛盾,又使政府债务进一步攀升。事实上,只要经济增长和财政收入增长低于债务膨胀速度,国家支出与国家税收之间的结构性缺口必然导致债务问题越来越严重。从长远来看，降低政府债务水平需要削减公共开支和社会福利，但这必然降低民众生活与福利水平，进而加剧民众与政府的矛盾，导致社会冲突。为缓解债务危机，一些西方国家试图通过增税来平衡财政收支，但这又遇到大财团的重重阻力。如此一来，这些国家就陷入"两面不讨好"的尴尬境地。债务问题使人们开始怀疑通过国家调节避免资本主义危机的传统方案。实际上，债务问题大大削弱了西方国家应对危机的能力，这是新自由主义"去国家化"和"最小政府"经济思潮盛行的必然结果。也就是说，这一轮资本主义危机暴露的不单单是市场失灵，还有严重的政府失灵。大部分西方国家在应对危机时所表现出的焦虑、慌乱和失序，反映了这些国家因财政状况恶化而出现的信用危机和治理危机，同时也成为危及当今世界稳定的不确定因素。

二、西方之乱的对抗式制度体系根源

在欧美国家的政治生态中，对抗式制度体系成为治理赤字的重要制度根源。对抗式制度体系由竞争性政党制度、选举政治、议会政治、利益集团政治等制度形态组成，其基本假设是制度体系应该建立在对抗制衡和分而治之的基础上。这套政体模式是在近代欧洲独特的历史和国情中形成的，后来虽然出现了一些变体，但基本精神没有大的变化。按照对抗制衡原理形成的一整套对抗式制度体系，奠定了西方对国家、政府、政党、立法、司法、央地关系、内外关系等的特殊理解方式，并在此基础上构建了较为自洽的西方政治学说体系。在西方政治扩张过程中，西方政治学说又用民主和自由等辞藻来修饰和附会这种制度体系。事实上，对抗式制度体系与民主、自由的真谛相去甚远。在实际运行中，对抗式制度体系往往在空间上表现为一部分反对另一部分、在时间上表现为这一届反对上一届，其极端形态就是政治失灵、政治极化或者政治相互否定，从而导致对抗式制度体系的周期性危机，形成所谓的治理赤字难题。对抗式制度体系还是导致极端主义的一个重要根源，因为团体和个体往往需要在极端言论和政策中寻找自己的身份定位。这样来看，西方社会有今日之乱象就不足为奇了。

当今世界一些国家的治理赤字，也同对抗式制度体系的流行有很大关联。欧美国家以外的不少发展中国家在复制这套制度体系以后，不仅国家治理体系和治理能力遭到削弱，还催生和加剧了社会对立、民族分裂、地区隔阂等乱象。可以说，对抗式制度体系被复制到哪里，哪里的社会对立、民族分裂、阶层冷漠就会被激活甚至激化。不少发展中国家和一些发达国家都饱受对抗式制度体系的折磨。如果所谓"民主""自由"的制度体系不是有助于和谐与团结，而是不断加剧对抗和冲突，人们就有理由怀疑这样的"民主""自由"根本不是民主、自由的本义，更不应是人类政治文明的前进方向。

对抗式制度体系还表现出排他特点，尤其是政党变化的不确定性严重影响遵约效果，大幅降低了国际合作效率，极大增加了全球治理成本。与此同时，破坏国际关系民主化的现象也在增多，许多需要各国合作解决的全球性问题久拖不决或决而难行。英国脱离欧盟的突发性、美国退出《巴黎协定》的随意性等，意味着国际不合作行为产生连锁效应。还应看到，近年来一些国家奉行"本国优先"

的原则，也就是为了本国利益可以置各国共同面临的议题于不顾，甚至采取明显损害他国利益以及国际社会共同利益的决策和政策。同时，以结盟对抗和干涉思维处理国际关系的现象仍然存在，妨碍着新型大国关系和新型国际关系的构建。集体行动能力的削弱、单边主义的上升、结盟对抗冷战思维的延续，这些对全球治理的改善都不是好事。资本主义经济政治制度本身，正在成为许多全球性合作方案的消极力量。

对抗式制度体系在制度设计上造成国内政治和国际关系内在的对立状态，难以满足互联互通时代的合作需求。从人类对更好社会制度探索的历史来看，对抗式制度体系是人类社会一项比较糟糕的政治发明。构建国内制度体系和世界治理体系相互适应、相互支持而不是相互抵触、相互冲突的国际秩序，成为人类在探索更好社会制度道路上面临的重大课题。面对这一重大课题，面对当今的西方之乱，世界各国都应有所自省和自觉。

第四节 辩证看待资本主义系统性危机

2008年爆发的国际金融危机始于金融、经济领域,并逐步蔓延到政治、社会各个方面。从影响程度和范围看,这场危机当属近百年来最严重之列,对各主要资本主义国家产生了重大影响,激发人们思考国际经济政治治理体系变革的深层次问题。

一、信用危机和治理危机

此轮资本主义危机虽然发端于金融领域,但突出表现在债务问题上,由此引发了资本主义国家的信用危机和治理危机。国际金融危机爆发以来,几乎所有发达资本主义国家的主权债务负担率(主权债务占GDP的比重)都呈大幅上升之势:大部分发达资本主义国家超过了60%的国际警戒线,不少国家甚至超过了80%甚至90%的高压线。资本主义国家发生债务危机早已有之,但主要资本主义国家几乎同时陷入整体性、系统性的债务危机,却是资本主义危机的新表现。

造成主要资本主义国家债务危机的原因是多方面的。20世纪70年代美元与金本位制脱钩后,金融资本主义迅速发展,导致发达资本主义国家实体经济与虚拟经济严重脱节。美元扮演的国际货币角色,使其在国际贸易中维持长期逆差,这就进一步使生产与消费发生分离。跨国公司的贸易迅速扩大,西方主要资本主义国家诸多产业向外转移,很大程度上减少了政府的税收。与此同时,西方资本主义国家在社会领域普遍实行高福利政策,而多党政治体系中政党政策的短期性以及政党的胜选需要，又从体制上助长了福利扩张和财政透支。这些都是资本主义国家发生债务危机的重要原因。

缺乏节制是资本主义债务危机爆发的深层次原因。资本具有逐利的本性，而现实生活中市场信息不对称、不完全、不确定是常态。在缺乏法律和制度制约的情况下，市场主体特别是占有信息优势的一方为了追求利益最大化，可能会故意隐瞒相关信息，或者采取投机、欺诈行为，从而对另一方的利益造成损害。信息不对称的情况累积起来，就会破坏市场正常运行，甚至产生信用危机和经济危机。有人将20世纪70年代后资本主义国家的财政状况形容为"食之者众，生之者寡；用之者疾，为之者舒"，这与我国古代"生之者众，食之者寡；为之者疾，用之者舒"的节制财政思想截然相反。这种状况自然无法持久，不可避免地导致债务危机。

二、新一轮资本主义危机暴露的深层次问题

债务危机对主要资本主义国家的影响巨大而深远。为了应对金融危机，西方资本主义国家纷纷推出大规模经济刺激计划，但国家公共开支的剧增同经济复苏乏力、税收减少的矛盾，反而导致政府债务的进一步攀升。只要经济增长和财政收入增长低于债务膨胀速度，国家支出与国家税收之间的结构性缺口必然导致债务问题越积越重。长远来看，降低政府债务水平应削减公共开支和社会福利，但这必然降低民众生活与福利水平，进而加剧民众与政府之间的矛盾，导致社会冲突不断。为了缓解债务危机，一些西方资本主义国家试图通过增税来平衡财政收支，但又遇到大财团的巨大阻力。

这一轮资本主义危机暴露的不单单是市场失灵,还有严重的政府失灵。大部分西方资本主义国家在应对危机时所表现出的焦虑、慌乱和失序,反映了这些国家因财政状况恶化而造成的信用危机和治理危机,同时也成为危及当今世界稳定的不确定因素。

这一轮危机标志着资本主义的价值观和意识形态在褪色。"二战"后,西方几代理论家苦心包装的所谓西式自由民主和市场原教旨主义价值观,既在其国内遭到质疑和反思,又在国际上遇到越来越多的抵制和阻击。曾经被宣扬为一些西方大国软实力重要组成部分的价值观和制度资源逐渐流失。危机之下,一些西方资本主义国家在选举政治、政党政治、议会政治、对外政治中的表现,让人很难将其与人类理想的政治文明联系在一起。因此,这一轮危机对全世界来说,还是一场生动的政治制度教育。主要西方资本主义国家制度体系运行过程中出现的相互掣肘、漫天许诺、彼此否决、分裂对立等现象,促使越来越多的人反思这种制度体系的合理性。

三、国际经济政治治理体系变革的新契机

当前资本主义社会的系统性危机,促使人们深入思考资本主义体系与外部世界之间的矛盾,为国际经济政治治理体系变革打开了新空间、提供了新契机。

资本主义在其扩张过程中,构造了一个包括中心和外围的体系,使其可以将发展的经济和社会成本几乎不受限制地转嫁到外围和边缘。国际金融危机爆发以来,美国出于自身利益考虑,实行宽松的货币政策,对世界其他国家经济产生严重的消极外溢效果。由此可

见，资本主义主导的经济全球化必然在国内和国际产生更大的不平等，这是资本主义运行过程中固有的成本社会化和利润私人占有逻辑发展的必然结果。资本主义体系本身并不具有在内部消化危机和压力的能力，它只有不断通过成本的外部转嫁才能维持运行。这与世界需要的平等、互助、包容、共享的价值理念是背离的。近年来，那些坚持独立自主发展道路的国家获得了更多的政治、经济能力以抵御外部干涉和危机转嫁。这表明，国际经济政治治理体系正在发生积极变化。

国际经济政治治理体系如果纵容一些国家将内部成本转嫁给别国承担，或者对此类现象束手无策，这样的体系就不可能公正，也很难持久。正因如此，国际金融危机后应运而生的二十国集团，取代过去的七国集团成为全球经济治理的主要平台。然而，西方资本主义国家出现的系统性债务问题，使得其承担世界经济政治治理责任的信用和能力受到质疑。资本主义经济政治制度本身，正在成为许多全球性合作方案的抵制力量。构建国内制度体系和世界治理体系相互适应、相互支持而不是相互抵触、相互冲突的国际秩序，成为人类在探索更好社会制度道路上面临的重大课题。

在这一轮国际金融危机期间，中国经济对世界经济增长的贡献率一直维持在20%—30%的高水平。中国制度体系在处理与外部世界关系上的积极作为，为世界经济政治治理体系变革提供了有益借鉴。中国始终将国内经济社会发展放在世界格局下来考虑，通过国内经济社会发展促进国际经济政治治理体系变革，同时推动国际经济政治治理体系变革以更好地服务国内经济社会发展。这是一种促进国内治理与全球治理良性互动的制度方案，它解释了中国为什么能以内部制度创新的方式消化压力，而不是像一些发达资本主义国家那样通过对外扩张、搞殖民地的方式实现国家富强。中国很重视将合理的国际方案通过国内发展规划予以认真落实，这种国内制度和国际制度保持协调的方式，是中国制度体系很重要的一个特点。它与资本主义国家分权制衡的制度体系在对外关系上的逻辑迥然有别，为推进国际经济政治治理体系变革拓展了富有启发性的新视野。

第五节　准确把握中国制度精神

如何准确把握中国制度精神，关键是如何在坚定自己制度文明标准的前提下，将自身制度体系建设的重要成就予以学理化。古今中外的大国发展历史表明，一个没有自己政治学理论体系的大国，一个没有把握住自己政治体系、政治实践解释权的大国，其在政治精神上也不会是独立的。这也是当下讲制度自信对学界提出的理论任务。

制度体系是任何一种政治文明最突出的表现形式。日益成熟定型的中国制度体系成为当今世界政治学研究中的一个重要话题。习近平总书记在庆祝中国共产党成立95周年大会上指出，中国共产党人和中国人民完全有信心为人类对更好社会制度的探索提供中国方案。中国制度体系的发展和完善是人类政治文明一个重要组成部分，然而从学理上对中国制度体系背后的精神、原理、安排、绩效的阐述还有待学界努力。本节扼要概述中国制度背后包含的一些精神和原理，以期学界能进一步围绕中国制度体系的精神、原理、安排、绩效进行探讨，向国内外积极普及中国政治文明成就，共同推动中国政治学理论、学科、学术体系的发展。

一、公与私

任何好的制度，背后都有一种精神力量在支撑，从而使其常活常青常新。中国制度体系的特点既要放在自己的历史和国情中看，也要放在国际比较视野下看，它和西方制度体系最大的区别在于立制建章背后之精神的不同。简单讲，西方制度立制的精神是"私"，中国制度立制的精神是"公"。古人说："一私则万事闲，一公则万事通。"马克思主义政治经济学的核心思想是"公"，这一点与中国古代社会思想是相通的，也是中国能够接受马克思主义的社会政治文化基础以及马克思主义在中国扎根的思想养料。在中国共产党的话语体系中，"公"是最常用的一个字。例如，共产党人经常讲"立党为公，执政为民"。另外，中国特色社会主义政治经济制度安排的核心和主体也是"公"。正因为"公"代表着中国制度体系的一大精神，我们观察中国制度，无论是根本制度、基本制度还是一般制度、具体制度，均可发现其背后伟大的"公"的意蕴。反观西方制度，其背后精神是"天下为私"。中国共产党的治国理政话语体系也好，中国制度体系也好，反复强调要按照公心、公道、公正，这些都是"公"的思想的发挥。我们阅读中西政治经济法律著作，可以明显地看到背后"公""私"的分野。中国的政治经济法律著作的主导精神是"公"，是按照"天下为公"精神来展开的。西方的政治经济法律著作主导精神是"私"，基本是按照"天下为私"精神下来的。这种两分法有点绝对，但基本不偏。进而言之，人类政治文明走到今天这个地步，按照"天下为私"的逻辑走下去，怕是个绝境。

二、合与分

中国制度精神的第二个层面体现在"合"与"分"的关系中。简单讲，"合"的精神贯穿在我们制度体系安排中，就是制度体系建立在"合而治之"基础上，而不是建立在"分而治之"基础上。

中国制度体系安排遵循的是"合而治之"的精神。我国人民代表大会制度突出党领导人民依法治国，中国特色政党制度强调中国共产党领导的多党合作和政治协商，民族区域自治制度把团结摆在首要位置，社会基层治理重视协商，乃至党政关系中讲的是分工而不是分开，等等。进一步来说，在"合而治之"的制度体系中，制度设计不是建立在制衡原理上，而是建立在监督、协商原理上。在西方政治学理论中，制衡被抬到很高的位置；但是在中国特色政治学理论体系中，监督体系建设理应被放在比制衡更重要的位置。如果按照制衡原理来思考甚至设计我们的制度，那就必然和我们制度大的精神相冲突。在这个问题上，国际政治学界好将制衡视为制度体系安排的唯一原理，实际上是值得反思的。

中国政治模式以"合而治之"原理解决了"分而治之"制度体系的弊端，这是我们在国际比较中讲制度自信的一个理由。"合而治之"是我们制度体系在国际比较中的比较优势，也是人类政治文明进步的方向。一国三公，则权柄分而不一。道旁筑舍，议论多而难成。考察西方特色的制度体系，其精神大致是"分而治之"。在"分而治之"的制度体系中，政党制度、政行关系、政法关系均以分立甚至对立的形式表现出来，而所以强调"分"，同其制度精神的"私"又是一脉相承的。在"分而治之"的制度体系中，制衡比监督更重要。制衡走到极端，即是掣肘和对抗。政治沦落为部分反对部分、一届反对一届的相互否决状态，就很难为国为民谋长久之利。这违背了政治为公的常识。观察世界上不少国家的治理现状，在引入"分而治之"的制度体系后，深受其苦，由此导致政治分裂、政党对立、社会对抗、民族分离的可谓司空见惯。

三、内与外

在各国互联互通和相互依存的时代，国内问题与国际问题之间的相互传导性，已经极大地改变了政治系统的运行空间。为此，构建一个内外政治合作共生取向而不是对抗取向的制度体系，成为政治学和外交理论思考的一个问题。

近代西方政治理论大致构建了一个国内政治和国际关系或者内外关系冲突的制度模式，这种制度模式的缺陷表现为内部政治频繁否决国际合作协议，"分而治之"的制度体系又增加了对外行为上的不确定性，导致国际合作举步维艰，全球治理寸步难行。这显然不是能够适应各国责任、利益、命运高度关联状态下的制度体系。国内政治和国际关系互联互动的增强，需要各国尤其是大国，能够确保国内制度体系与国际合作处于合作协商而不是排他否决状态。

中国制度体系形成了一个较为高效的内外关系合作模式，国内政治与国际关系处于一种合作协商状态下，避免了多党制、利益集团政治下容易出现的对国际合作协议轻率否决的现象。换句话说，外人同中国打交道的确定性和一致性强；反之，外人同多党制国家打交道的外交成本高，不确定性更强。中国制度体系在内外关系上的处理办法，实际上可以为世界政治学界思考国家治理和全球治理关系提供新的借鉴价值。

四、制度与人

将制度体系的稳定性和人的主观能动性结合在一起，是理解中国制度精神和原理的一个关键。一些西方特色的政治学理论虽然重视制度，但有的时候发展到制度决定论，只见制度不见人，陷入机械主义制度论的认识陷阱中。人们经常听到的一个观点是，某某国家的制度很好，庸才当总统也能够把国家治理好；但是他敢不敢反问，如果连续出现两三个庸才总统，如果制度体系中的人懈怠了，国家治理究竟会是什么样？在比较中西政治学理论体系时，我们会发现在西方特色政治学教科书中，是没有党建理论的。但是在中国政治学理论体系中，党建则是核心内容之一。这两套理论体系内容的差异，实际上反映了对制度与人关系的认识不同。

有一个寓言故事，是说一艘木船，每年都要换掉一些旧船板，那么等全部船板都换完以后，这艘船还是不是原来的木船？显然，如果将木船比喻为制度，将船板比喻为制度中的人，如果不断换上的是理想信念不一样的人，这艘船最后就不是原来的船；但是不断换上的是理想信念一样的人，这艘船哪怕木板全换掉了，最后还是原来那艘船。这个寓言故事对于理解制度和人的关系，不乏启发意义。一个国家的根本和基本制度奠定以后，人的因素是最重要的。在坚持根本制度的前提下，通过对人的主观能动性的调动，发挥制度最理想的效果。我国的党政军机构中，不少机构都是和人的建设有关；我们的政治学理论体系和学科体系中，党建占据重要的位置；在实际政治生活中，政治学习、民主生活会、干部理论培训、理想信念教育，其着力点都是制度体系中的人。

　　将制度的稳定性和人的主观能动性结合起来，是中国政治学理论重要内涵之一。实际上，世界各国在政治发展中，都应该重视制度和人的关系。有的国家在其政治发展中，忽视了人的因素，以为移植外来制度就可以把国家治理好了，有的国家拥有一套自身制度体系，但是忽视了制度体系中人的教育，其制度体系最后也走向了僵化和衰落，这些都是政治学研究需要重视的教训。

五、制度体系与中国政治学新任务

　　中国制度体系的定型和完善，反映了新中国为人类政治文明所做出的开创性贡献，也把中国政治学理论在世界上推到一个新的研究高度，这是我们制度自信的理由之一。政治为公、"合而治之"、内外协商、制度与人关系等，只是概括中国制度精神、原理、安排、绩效的几个概念。其实我们讲自己的制度体系定型以后，对从事国际政治和中国政治研究的人提出了一个具有前瞻性和历史性的大课题，也就是在制度体系建设上不存在接轨的问题，关键是如何在坚定自己制度文明标准的前提下，将自身制度体系建设的重要成就予以学理化。古今中外的大国发展历史表明，一个没有自己政治学理论体系的大国，一个没有把握住自己政治体系、政治实践解释权的大国，其在政治精神上也不会是独立的。这也是当下讲制度自信对学界提出的理论任务。

　　学界除了致力于完成中国制度体系的标识性概念提炼和理论体系的构建，还要做好中国制度体系知识的国内外普及工作。从国际比较来看，利用一些西方特色的政治学概念难以解释中国政治和制度体系，甚至还有很大的误导性。例如，在对外讲中国制度道理时，外人很容易对"合而治之"的制度体系安排留下深刻印象；反之，外人如果按照"分而治之"来理解中国制度体系，则往往不得其解。政治学界因此有责任把中国政治发展、治国理政和制度体系提炼出成体系的标识性概念，对国内外政界、学界、企业界、社会民众进行中国政治知识普及工作，增进社会对我们制度体系的认同，增加外人对我们制度体系的理解，为中国的大国成长积聚政治软实力。

第六节　中国与国际制度

对当代中国而言，作为一个后发国家以及有着浓厚东方文化遗产的社会主义国家，融入长期以来处于西方理念支配下的国际社会，无疑具有鲜明的对照意义，具有复杂性和艰巨性。

20世纪70年代末以来，中国对国际社会的大规模参与，还有另外一个背景，这就是随着中国经济改革所带来的综合国力上升，迫使我们在外交和内政上提出"如何与崛起打交道"（coping with rising）相关的"怎么办？"问题。这是历史上每一个上升中的国家在其世界政治事务中都要碰到的一个问题。参与国际社会的最终结果是中国成为世界中的中国，而不会是中国之中国。且不说中国因素在国际关系中究竟占据何种地位，也不论中国融入国际社会将对国际体系产生何种深远影响，仅从相反的意义上看，由中国之中国成为世界之中国，这一进程会对中国国内政治经济和传统的外交行为产生多大程度的影响，的确是一个需要我们持久对待的课题。

理解中国参与国际社会的进程，仅仅从中国与国别关系的意义上去认识是不够的，只有从中国与构成国际社会规范结构的国际制度的关系上，才能抓住解答这个问题的关键和本质。

本节就是从国际制度的视角，考察中国参与国际社会这一问题，研究参与和接受国际制度会对中国的内政和外交产生什么样的重大影响，目的在于就中国与国际制度这项研究提出一些假设性命题和基本的研究框架。

一、国际关系与国内政治:国际制度的国内影响

我们的研究重点是国际制度的国内影响,也就是说,要把中国与国际制度的关系放在国内政治与国际关系的框架下分析,将国内政治和国际关系结合起来,研究中国国内政治经济和外交行为中的国际制度因素。

从国际关系理论和比较外交政策研究角度讲,国内政治和国际关系研究早在20世纪60年代开始就为人所重视。不过,早期国际关系和国内政治间互动关系的研究是不对称的,学者们大多强调国际问题的国内根源,重视国内政治文化、官僚政治以及政治体制安排的差异如何影响国家的外交行为,所谓"对外政策是国内政治经济的延续",说的就是这个道理,或者如华尔兹给出的经典概念阐述,即国际关系研究中的"第二种设想"(the second image)①;而对国际力量如何影响国内政治,除了相互依赖、现代化研究和跨国关系理论中有些论述以外,研究水平与前者相比总体上处于薄弱的地位。② 这种不对称状况直到古勒维奇(Peter Gourevich)"第二种设想的颠倒"(The Second Image

---

① [美]肯尼思·华尔兹著,倪世雄等译:《人、国家与战争》,上海:上海译文出版社,1991年版,第4章。
② Robert Keohane and Helen Milner, Introduction, in Robert Keohane and Helen Milner, eds., Internationalization and Domestic Politics, Cambridge: Cambridge University Press, 1995, p.7—10.

Reversed)的提出，才有所扭转。[①]20世纪80年代以来，在全球化和国际化的浪潮下，比较政治学和比较外交政策领域出现了大量研究国际力量如何影响国内政治经济和外交变迁的文献。[②] 其中，国际制度力量如何介入国家内部并影响其国内政治经济变迁，就是其中极有影响的一个研究领域。

笔者的研究议程与比较政治学和古勒维奇的"第二种设想的颠倒"相关。具体到中国与国际制度研究上，所探讨的问题将不集中在中国对待国际制度的国内因素上，而是中国参与和接受的国际制度，如何以及在多大程度上会对中国国内政治经济以及外交行为产生影响。国际关系与国内政治的研究框架涉及两个核心的概念，一个是国际领域中的国际结构，另外一个是国内领域中的国内结构。前者在研究中是自变量，而后者则被视为因变量。也就是说，前者

---

① Peter Gourevich, The Second Image Reversed: The International Sources of Domestic Politics, International Organization, Vol.32, 1978, p.881—911.

古勒维奇利用这一概念所做的经验研究还体现在他后来的《艰难时代的政治》一书中。

Peter Gourevich, Politics in Hard Times: Comparative Responses to International Economic Crises, Cornell: Cornell University Press, 1986.

② 最近关于这个问题的代表著作是：Keohane and Milner eds., Internationaliztion and Domestic Politics; Thomas Risse-Kappen, ed., Bringing Transnational Relations Back in: Non-State Actors, Domestic Structures and International Institutions, Cambridge: Cambridge University Press, 1995. 值得一提的是，国内秦亚青教授也是利用国际结构力量分析美国战后对外武装冲突的支持规律，见秦亚青《霸权体系与国际冲突》，上海：上海人民出版社，1999年版。

是后者变化的原因。① 国际结构包括物质结构和规范结构，但因为研究主题的需要，我们只选择国际结构中的国际规范力量，考察其对中国国内政治经济和外交的影响。这样的取舍不会从理论上威胁国际关系与国内政治分析框架的解释力。

简单地说，国际制度包括为相关国家所接受和遵守的多边公约、国际机制和作为准则和规则正式安排的国际组织。② 国内结构是指"国家的政治制度、社会结构以及将两者结合在一起的政策网络"。③ 作为国际规范结构的国际制度，会对任何国家——无论是制度外的国家还是制度内的国家——的行动构成不同程度的限制和约束。但是，国际制度对一国内部政治经济和外交产生重大影响的途径，主要还是借助该国既定的国内结构。国内结构为国际制度发挥国内影响提供了渠道，同时值得注意的是，我们不否认国际制度也有可能——但不是必然——逐步改变一国的国内结构特征。

当今国际社会中存在的大量国际制度，有些固然带有很强的分

---

① 江忆恩在《国际结构与中国外交政策》一文里，概要分析了物质结构和规范结构对中国外交政策的影响。
Alastair Iain Johnston, International Structure and Chinese Foreign Policy, in Samuel Kim, ed., China and the World: Chinese Foreign Policy Faces the New Millennium, Boulder: Westview Press, 1998, p.55—87.
② 苏长和：《全球公共问题与国际合作：一种制度的分析》，上海：上海人民出版社，2000年版，第78—87页。
③ Thomas Risse-Kappen, ed., Bringing Transnational Relations Back In, p.20—25.

配性含义或者霸权色彩。国内学者对其已有相当多的论述。① 但是,这不是问题的本质。问题的本质在于,当今国际社会中的大部分国际制度,在政治文化方面打上了深深的自由主义烙印。WTO 及其前身 GATT 是个典型的例子,该组织不遗余力地通过多边谈判削减关税以促进世界贸易和投资的自由化;联合国冷战之后也一直致力于政治领域的人权保护和民主的援助工作;在环境保护领域,许多多边环境保护机制是以自由市场的环境主义为基础的。因此,依据政治自由主义和经济自由主义理念而设计的国际制度,是国际社会规范结构中制度的一个重要特征。

另一个重要特征是,国际制度本质上都是多边的制度。多边制度与双边制度是相对的,它们是在非歧视的普遍化原则基础上形成的,具有"不可分割性"和"扩散的互惠性"(diffuse reciprocity)②的特点。多边制度通过成员间共同协调和讨论,将议题置于集体和公共的解决框架下。在多边制度中,集体的意志和决策限制着成员国单边行动的意志。

国际制度对一国内部的影响主要通过该国既定的国内结构产

---

① 有关该观点的一些论文,可参考王逸舟:《霸权·秩序·规则》,载胡国成、赵梅编:《战争与和平》,北京:中国社会科学出版社,1996 年版,第 161—183 页;门洪华:《国际机制与美国霸权》,载《美国研究》,北京:2001 年第 1 期,第 74—88 页。

② John G.Ruggie, Multilateralism: The Anatomy of An Institution, in John G.Ruggie, ed., Multilateralism Matters: The Theory and Praxis of an Institutional Form (New York: Columbia University Press, 1993), p.21—22.

生。比较政治学领域中有多种对国内结构的划分办法被引入国际制度的国内影响分析中。考太尔（Andrew Cortell）和戴维斯（James Davis）在研究国际机制的国内影响时，根据国家—社会关系以及决策权威结构的集权和分权程度划分了四种类型的国内结构。③ 而里斯—卡彭（Thomas Risse-Kappen）则区分了六种国内结构，它们分别为国家控制型（state-controlled）、国家主导型（state-dominated）、僵局型（stalemate）、公司型（corporatist）、社会主导型（society-domi-nated）和脆弱型（fragile）国内结构。④ 上述学者利用各自的划分办法考察国内结构对国际制度介入国内社会产生的影响。大致说来，国际制度要能对一国内部产生影响，它首先需要进入既定国家的政治体系中，以赢得特定议题上的政策联盟而影响决策。对国家控制型和主导型以及社会力量薄弱的国内结构的国家，国际制度进入会很困难，但是正如里斯—卡彭所说，一旦国际制度进去之后，施加影响反而更加容易，因为高度行政集权和中央控制的国内结构在接受国际制度以后易于自上而下地实施国际制度。而对政治分权和社会力量强大的国内结构，国际制度进去很容易，但是进去以后施加影响可能很困难，因为既需要赢得和动员

---

③ Andrew Cortell and James Davis, How Do International Institutions Matter: The Domestic Impact of International Rules and Norms, International Studies Quarterly（1996）, Vol.40, p.455—458.

④ Thomas Risse-Kappen, ed., Bringing Transnational Relations Back In, p.23—25.

政策上的联盟，同时还需要付出巨大的执行和监督政策的成本。① 国内结构这种作用进一步提醒我们注意到，前种类型的国内结构在对国际制度的承诺和遵守上，并不必然会比后种类型的国内结构信誉差。在很多情况下，正是在后种类型国内结构中，才经常出现对国际制度承诺的言行不一和反复无常现象。

国内结构为国际制度的影响提供了基本的渠道。但并不是说，国内结构是一成不变的。一国的国内结构也可能因为该国参与越来越多的国际制度而被国际制度逐渐或剧烈地改变。一般而言，政治分权和社会力量强大的国内结构，由于其国内结构的开放性和弹性，不易于受到国际制度力量的改变，而行政集权型和社会力量薄弱的国内结构，往往会承受国际制度力量介入之后巨大的转制风险。这是因为：第一，国际制度具有一定的社会政治动员能力，体现在它进入一国内部结构以后，可以合法地利用跨国资源，组建基欧汉和奈所说的"跨政府联盟"②，通过跨国游说和压力，直接或间接地介入决策网络，培育和扩大民间社会力量，等等。国际制度具有的这种社会民主精神，与行政集权和社会力量薄弱的国内结构是冲突的。第二，一国接受越来越多的国际制度，意味着它在国内法和国际法的认识上，更多地认可国际法高于国内法的事实，它在接受国

---

① Thomas Risse-Kappen, ed., Bringing Transnational Relations Back In, p.25—27.
② ［美］罗伯特·基欧汉、约瑟夫·奈：《跨政府关系和国际组织》，载布莱克编，杨豫等译：《比较现代化》，上海：上海译文出版社，1996年版。

际制度之后，相应要做的就是调整、修改或者废除与国际制度不适应的国内法，并且在很多情况下要按照国际制度来规定国内议程。这就是国际制度如何在国内通过立法而取得合法化的过程。① 第三，一旦一国接受国际制度，国际制度介入国内生活后，国际制度可以将国内争端上升到国际层面，或者有些国内行为者为了获得对其他行为者的竞争优势，更加愿意并可能将内部决策的权威转移到多边国际制度层面上，从而使那些国内结构封闭和保守、国家控制强而应变能力弱的国家处于敏感、尴尬或者不适应的状态，这将使传统的封闭的国内政策对世界政治的变化更加敏感。第四，正如前文所述，由于大部分国际制度是由西方发达国家制定的，本质上带有自由主义的色彩，国家控制型国内结构的发展中国家接受这些国际制度，将会比那些发达国家承受更大的国内转制风险。现代化和民主化研究的许多成果说明了这一点。

在理论框架的最后一个部分，我们将提出一个假设，即在对国际制度的遵守和承诺问题上，民主国家的信誉并不见得就很好，而那些中央集权国家的信誉也不一定就很差。换句话说，也就是国家对国际制度的承诺和遵守可能与国家政治制度和民主无关。在许多国际关系理论文献中，特别是最近民主和平论的文献中，许多学者自然地根据民主和平论的逻辑，认为民主国家对国际制

---

① Andrew Cortell and James Davis, Understanding the Domestic Impact of International Norms: A Research Agenda, International Studies Review, Spring 2000, Vol.2, No.1, p.70—71.

度的承诺信誉比集权型国家要更好。① 前面提到，在国家控制弱、分权而社会力量强大的国内结构中，多元利益和制衡的政治体系往往使该国对待特定的国际制度时，会面临相对较大的执行和监督成本，降低其承诺的可信性。另外，即使在这类国家，国内的民主秩序和生活并不必然代表其国际行为也是民主的。一方面，因为外交和军事问题在公共政策领域最容易脱离国内民主程序的约束和控制，而在民主国家，民意也不大能够顾及外交和军事领域公共政策造成的域外成本；另一方面，民主国家本着短期利益的考虑，极可能会把国内决策的成本转由其他国家承担，从而导

---

① 例如高伯兹（Kurt Gaubatz）在《民主国家与国际关系中的承诺》一文中就认为，民主国家独特的政治制度和偏好、制度的连续性和稳定的领导人更替制度，有助于形成可靠的国际承诺。
Kurt Gaubatz, Democratic States and Commitment in International Relatlons, in Miles Kahler, ed., Liberalization and Foreign Policy, New York: Columbia University Press, 1997, p.27—65.
科黑（Peter Cowhey）在《从地方选举到全球秩序》一文中，考察了美国这样的民主国家，其内部的选举制度是如何决定了其更为可靠的对外承诺。
Peter F.Cowhey, Elect Locally-Order Globally: Domestic Politics and Multilateral Cooperation, in John G.Ruggie, ed., ibid, p.157—200.

致其违背国际制度的承诺现象。①

　　能够作为国家对国际制度承诺的解释变量的，我们认为可行的选择是国际结构，而不是政治体制。国际结构简单地从物质上讲，是权力的相对分配状态；而从规范上讲，则是国际制度。国际制度结构在很大程度上决定着国家对待国际承诺的态度。在国家与国际制度的互动过程中，国际规范会取得其在国内的合法性认同。国际制度在国内的认同程度越高，国家承诺和遵守的可信性就越强。国际规范对个体的社会化功能，有助于我们更为客观地理解国家对国际制度的承诺问题。②

二、中国国内政治经济中的国际制度因素

　　与国际制度的交往，已经成为20多年来中国与国家外交之外

---

① 最近有许多论述国内民主与国际民主问题的论著。一些论著对民主国家的对外行为是否一定就是民主的观点抱着谨慎和怀疑的态度。例如加利：《联合国与民主》，载刘军宁编：《民主与民主化》，北京：商务印书馆。阿尔基布吉（Daniele Archibugi）：《联合国的民主》，载［日］猪口孝、［英］纽曼和［美］基恩编：《变动中的民主》，长春：吉林人民出版社，1999年版，第285—295页。基欧汉在研究美国对待国际条约中的遵守问题时，原以为美国应该是一个信守承诺的国家，但是后来的研究发现美国的承诺状况并不是很理想，见基欧汉为《霸权之后》一书写的中文版序言。［美］基欧汉著，苏长和等译：《霸权之后：世界政治中的合作与纷争》，上海：上海世纪出版集团，2001年版。

② 从建构主义角度解释国家对国际制度遵守信誉的文章，见Jeffrey T.Checkel, International Norms and Domestic Politics: Bridging the Rationalist-Constructivist, European Journal of International Relations, vol.3（4）, 1997, p.473—495.

最重要的内容。从政府和非政府间层面看，中国参加的政府间国际组织已从1977年的21个增加到1995年的49个，参加的非政府国际组织则从1977年的71个增加到1995年的1013个。③与此同时，中国还加入了越来越多的国际公约，内容涉及军备控制、环境、人权、海洋问题、司法协助、反恐怖主义、经济合作等。可以说，国际制度已经成为中国外交和内政中的一个重要问题。

我们研究的重点是探讨中国国内政治经济和外交中的国际制度因素，也就是说，中国参与国际社会后接受的国际制度，如何以及多大程度上对中国的国内政治经济和外交产生着影响。下文试图粗略地提出一些中国与国际制度的研究假设。

国际规范结构影响着中国政治经济和外交中的话语。在公开的政府文件和民间讨论中，"与国际接轨""按照国际惯例办事"是20世纪90年代最为流行的话语，另外，诸如"国际责任""多边主义""国际游戏规则"等词汇的出现频率也很高。这显示了考太尔和戴维斯所谓的国际规范在国内所获得的话语支持，④也显示了中国对国际制度的学习和适应过程。从单纯的话语意义上讲，它反映了国际制度——尽管不是所有国际制度——在中国所获得的更多认同。

但问题并不是这么简单。当我们把中国与国际制度置于国内政

---

③ Elizabeth Economy and Michael Oksenberg, eds., China Joins the World: Progress and Prospects, NY: Council on Foreign Relations Press, 1999, p.41.

④ Andrew Cortell and James Davis, Understanding the Domestic Impact of International Norms: A Research Agenda, ibid, p.70.

治—国际关系的背景下考察时，更深入的问题就会凸现出来。第一，中国参与的国际制度会对中国国内政治经济和外交产生影响吗？如果会，这类制度的哪些特性会起作用，其对中国国内政治经济和外交可能会产生什么样的影响？第二，中国参与国际制度以后，外交行为与没有参与这些国际制度时相比出现哪些明显的变化？第三，中国对国际制度的承诺和遵守记录如何？换句话说，国际制度是否为崛起中的中国成为国际社会中更负责任的大国提供制度性的保障？一个崛起中的中国在参与国际社会进程时是否如一些学者所认为的会成为"不遵守规则"和"不负责任的"国家？

先看第一个问题。我们的研究预设，中国接受的国际制度会对中国国内政治经济和外交产生影响。这样，问题就转到当代国际制度的什么特性，及其会对中国国内政治经济和外交产生什么样的影响后果上。与中国问题相关的当代国际制度特性是：第一，当代国际制度大部分是按照自由主义理念设计的；第二，国际制度本质上是在多边主义原则上运转的；第三，一些国际制度具有重要的分配性含义，它们承担着国际体系中重要的价值分配功能。以上三点制度特性对中国具有特别的意义，因为对中国而言，这三个制度特性是刚性的，中国不可能在改变这些特性的前提下参与这类制度。所以，中国国内因素恰好与这三点特性构成三对紧张关系：国内主流意识形态与自由主义理念为基础的国际制度；外交行为如何适应参与多边国际制度以后的多边外交而不是双边外交；中国进入分配性含义很强的国际制度以后，这类国际制度可能在中国国内形成怎样的社会分化作用。

从国内结构来看，中国的国内结构表现为强国家控制—弱社会型，行政和决策上具有高度集权的特点。参与的国际制度对这种国内结构的潜在影响表现在：第一，国家控制的国内结构可能会变得松散，在国际制度的压力和作用下，国家会减少其在经济和社会领域中的干预。第二，社会力量在中国进入国际制度以后，可能通过跨国行为体等合法的制度性渠道扩大自己的空间和影响，从而在国家—社会的关系中，社会力量对国家的行动构成更多的制约。第三，中央决策将变得更为分散而非集中，有些决策通过国际制度渠道的转移，将在非传统的国内层次而可能是在国际层次上进行。

实际上，我们也可以从很多指标上看出国际制度在中国国内产生的直接和间接影响，这些指标涉及政治、经济、社会、环境等领域，如中央政府对经济生活干预程度的降低，政府管制领域的缩小，按照国际规则特别是经济规则进行的大规模国内法律修改，政府部门中涉外职能的扩大，民间跨国活动的增加，等等。

现在我们转到第二个问题。中国现在已经是绝大部分国际制度的成员，一项关于主要国家参与国际组织的统计表明，截至1996年，中国参加了51个政府间国际组织，日本、法国、英国、美国和俄罗斯的数字分别是63、87、71、64、62个。[①]另外，中国人大还签署了涉及环保、军控、海洋、人权等领域的许多国际公约。

---

① Samuel Kim, China and the United Nations, in Economy and Oksenberg, eds., China Joins the World: Progress and Prospects, p.47.
但是，中国现在还不是八国集团和OECD的成员，从未来发展看，中国融入这两个组织（协调机构）的可能性很大。

这些现象说明中国融入而不是孤立于国际社会的事实。那么，中国对国际规范结构的参与和认同，反过来会对中国的外交产生什么样的影响呢？或者说，国际制度如何建构中国的国际身份与外交？我们初步归纳出以下一些影响。第一，中国对国际规范结构的认同在提高，对于现行国际规范结构的合法性基础，基本不持否定和革命的态度。① 中国认为，有选择地加入多边公约、国际机制和国际组织，而不是试图打破或者修正它们，对于正在崛起的中国的国家利益是有益的，对这些制度的参与，可以为扩展中国的国际活动空间提供制度性的资源，同时也有助于改善和提高中国的国际形象。萨缪尔·金所概括的中国对待联合国系统的态度，即从体系的革命者（system-transforming）、体系的改革者（system-reforming）到体系的维护者（system-maintaining），基本上符合中国对待很多国际制度的态度。② 第二，融入国际制度带来中国外交行为最显著的变化，是逐步肯定并适应多边外交运作模式。这与改革开放前认为参与多边外交会束缚自己手脚或者在国际谈判中被孤立的看法形成鲜明的对比。第三，参与国际社会以及接受并执行国际制度的进程，对中国来说是一个重要的学习、调整和适应过程，通过这样的"社会化"和"国际化"，③ 促使中国逐步由封闭的国家转向"国际的

---

① 这里值得注意的是，中国对有些少数发达国家制定的，或者由美国绝对控制的国际制度仍然持保留和谨慎的态度。
② Samuel Kim, China and the United Nations, in Economy and Oksenberg, eds., China Joins the World: Progress and Prospects, p.45—49.
③ Alastair Iain Johnston, International Structure and Chinese Foreign Policy, p.74.

国家",一个可能更多地按照国际规范塑造自己国际行为的国家。第四,融入国际制度既使中国国内政策更为公开,也使中国对外政策更为透明,意图更为清楚和明确,行动更具有可预测性。

现在回到最后一个问题,即中国在国际制度中的信誉问题。一些学者对中国加入国际制度后是否会遵守自己的承诺,或者进一步对中国融入国际社会后会不会成为一个负责任的国家表示担心和怀疑,他们认为中国国内法治的薄弱,主流意识形态与现行国际制度的冲突,都会构成中国不履行国际承诺的消极因素。

前面理论框架部分对这个问题的初步观点是,国家对国际制度的遵守和承诺与民主或者集权制度无关。简单地认为民主和政治上分权的国家必定在遵守国际制度上具有可靠的信誉,而中央集权的国家在对待国际承诺上是反复无常的,这样的观点理论上很难站住脚,因而草率地确立国内政治体制与国际承诺之间的因果变量关系有失武断。另外,简单地从现实主义的观点出发,认为崛起中的中国为了在国际社会获得更多的相对权力地位或者投射其权力,必然会打破现有的国际制度安排,这种观点也是很牵强的。已有的一些经验研究表明,中国至少在国际经济制度中的行为,并没有出现多少违背和超越规则系统之外的异常现象,或者与承诺相背离的出尔反尔的例子。例如,皮尔逊(Margaret Pearson)在《主要多边组织与中国接触》一文中的研究显示,中国在世界银行和国际货币基金组织中就一直拥有很好的信誉。[1]

---

[1] [加拿大]皮尔逊:《主要多边组织与中国接触》,载江忆恩和罗斯前引书,第269—303页。

在我们的研究议程中，既不依据国内政治解释途径，也不使用现实主义的方法，而是利用国际规范结构的变量，解释中国对待国际制度的承诺问题。我们的基本假设和认识是，在中国参与国际制度进程中，国际规范的力量建构着中国的身份和地位、观念和利益、预期与行动。中国在参与国际社会的国际化过程中，国际规范对中国的"社会化"作用，是解释中国对国际制度承诺信誉的可行途径。

第三章　大国治理的中国经验

第一节　中国为世界和平与发展做出新的重大贡献

在党的十九大报告中,习近平总书记指出:"中国将继续发挥负责任大国作用,积极参与全球治理体系改革和建设,不断贡献中国智慧和力量。"多年来,习近平总书记多次在重大外交场合阐述中国关于全球治理的新理念新思想,提出中国解决全球治理重要议题的新方案新举措,推动全球治理体系向更公正合理的方向发展。越来越多的中国方案从为世界所知到为世界所用,向世界展现了一个社会主义大国坚持走和平发展道路、推动构建新型国际关系和人类命运共同体的抱负和担当。

一、为全球治理提供智慧

当今世界是一个互联互通的世界,解决人类共同面临的难题需要各国携手合作。正如习近平总书记所说,没有哪个国家能够独自应对人类面临的各种挑战,也没有哪个国家能够退回到自我封闭的孤岛。然而,在全球性议题面前,一些国家或犹豫退缩,或事不关己、高高挂起,有的还出现了孤立主义、反多边主义倾向。围绕全球治理方向和途径的各种方案竞相出现,这些方案有的仍抱有传统零和博弈思维,无法从根本上满足人类共同发展的需要。中国共产党围绕世界需要什么样的全球治理、全球治理为了谁、如何推动全球治理改革和建设等重大问题,提出了一系列中国主张和中国方案。

秉持共商共建共享理念。全球治理不是少数国家关起门来讨论决定其他国家事务,也不是由少数国家来治理其他国家,更不是少数国家排他性地享受全球治理成果。习近平总书记在党的十九大报告中指出:"中国秉持共商共建共享的全球治理观,倡导国际关系民主化,坚持国家不分大小、强弱、贫富一律平等。"中国主张世界命运应该由各国共同掌握,国际规则应该由各国共同书写,全球事务应该由各国共同治理,发展成果应该由各国共同分享。全球治理中国方案的基本点就是:各国携手建设相互尊重、公平正义、合作共赢的新型国际关系,共同构建人类命运共同体。目前,共商共建共享理念正在为国际社会所广泛接受,成为全球治理的一项重要共识。

完善全球治理体制机制。多年来,中国更加积极主动地参与全球治理体系改革和建设,日益走近全球治理舞台的中央。中国发起成立了亚洲基础设施投资银行、金砖国家新开发银行、丝路基金、南南合作援助基金、国际发展知识中心等,推进"一带一路"建设,丰富了全球治理的体制机制。此外,中国还利用主办北京APEC会议、G20杭州峰会、"一带一路"国际合作高峰论坛、金砖国家领导人厦门会晤等主场外交的机会,积极推动上述全球治理方案机制化。

切实关注全球治理主要议题领域。在推动全球治理体系变革的同时,中国还在全球治理的主要议题领域提出自己的方案和主张。习近平总书记在多个外交场合围绕大国关系、经济全球化、互联网、环境、海洋、社会安全、极地、外空、核安全、减贫扶贫、可持续发展、文明交流等问题，提出了中国的理解并给出应对之道，形成了由经济、政治、文化、社会、环境、安全等多层次、多方面内容构成的全球治理体系方案。

二、为国际政治文明进步带来机遇

围绕全球治理展开多边外交，是多年来中国特色大国外交理论和实践的重要组成部分。全球治理的中国方案彰显了中国特色大国外交的风格和魅力，推动了国际政治文明和外交文明的创新发展。

赋予国际关系和全球治理新的价值理念。世界进入了21世纪，如果外交理念还停留在旧时代，就会阻碍国际政治进步。当今世界，人类迫切需要培育新的国际政治文明，以克服零和思维、对抗思维、强权思维、势力范围思维等陈旧的外交理念。综合考察全球治理的中国方案，其高举的和平、发展、合作、共赢等价值观，同和平共处五项原则精神是契合的，更与当今世界对新国际政治文明的追求是一致的。中国提出国际关系和全球治理新的价值理念，超越了传统西方国际关系理论，为国际政治文明进步带来机遇。

统筹考虑国家治理体系和全球治理体系。良好的全球治理依赖于良好的国家治理。中国方案鼓励各国在自己历史和国情基础上探索更好的国家治理体系，为全球治理奠定更好的国家治理基础。"治不必同，期于利民。"从实践来看，强行对外推广某种制度体系的治理方案，非但没有带来国家治理的改善，反而制造出不少乱局，进而给全球治理带来负面影响。中国方案不以改变别国国内治理体系为目的，而是尊重各国人民自主选择发展道路的权利，维护国际公平正义，反对把自己的意志强加于人，反对干涉别国内政，反对以强凌弱。中国梦与世界梦相通，中国的发展不对任何国家构成威胁。

倡导互联互通的区域合作。在区域治理模式上，有的国家对周边国家和其他地区的区域合作奉行分化瓦解的策略。与他们不同，中国按照亲诚惠容理念和与邻为善、以邻为伴的周边外交方针深化与周边国家的关系。中国提出"一带一路"倡议，其指导理论不是来自西方国家的一体化理论，而是倡导更为务实的互联互通。一体化理论以建立超国家组织为目标，互联互通理论则着眼于减少区域合作中的各类障碍。中国的互联互通理论正日益受到世界的关注。

重视承诺和行动。"善学者尽其理，善行者究其难。"中国坚持言出必行的原则，忠实履行国际义务和承诺，努力推动中国方案循序渐进地被外部理解、接受并实施，同时积极落实各国达成的合理治理协定。为了更有效地落实全球治理方案，中国更加重视培养国际组织、互联互通、执法合作等方面的全球治理人才。正如习近平总书记在党的十九大报告中所指出的，世界命运握在各国人民手中，人类前途系于各国人民的抉择。中国人民愿同各国人民一道，推动人类命运共同体建设，共同创造人类的美好未来。

三、为各国共同发展提供新动力

习近平总书记指出，世界正处于大发展大变革大调整时期，和平与发展仍然是时代主题。同时，世界面临的不稳定性不确定性突出，人类面临许多共同挑战。超越旧式国际关系、迈向新型国际关系的正能量正在积蓄。全球治理的中国方案彰显中国主张，也促使人们思考人类政治文明发展方向，具有深远意义。

以和平方式推动新型国际关系建设。引导国际关系以和平方式向新型国际关系转变，是当今世界各国共同的责任。以往在全球治理体系变革问题上，不少大国相互否定、排斥，给全球治理体系变革带来不确定性。中国关于全球治理体系的改革方案没有全盘否定已有全球治理体系，而是在尊重现有国际治理规则的同时，积极创设新的治理机制，对全球治理产生重要增益效应，从而为维护国际体系稳定贡献了中国力量。此外，在全球治理诸多议题领域，中国方案并不是简单排斥其他国家提出的方案，而是在贯通比较各种合理方案的基础上提出新方案，使方案更具兼容性和广泛性。中国提出要相互尊重、平等协商，坚决摒弃冷战思维和强权政治，走对话而不对抗、结伴而不结盟的国与国交往新路。中国方案蕴含的这种稳妥审慎的国际政治智慧，有利于全球治理体系改革以和平而不是对抗冲突的方式演进。

提供新的发展道路选择。解决和平赤字、发展赤字、治理赤字等世界性问题，需要有效行动，也需要新的理论知识做指导。当前，来自西方的发展和治理知识在解决人类共同面临的问题上暴露出不足甚至缺陷，而中国方案为全球治理贡献来自中国的经验和知识。全球治理的中国方案构成一套具有中国特色同时又有世界意义的知识体系。这套知识体系是中国在长期探索解决自身发展问题以及世界共同面临问题的基础上形成的，对不少国家的国家治理以及内外关系处理有借鉴价值。随着中国方案得到越来越多国家的认可，过去少数国家和地区垄断发展和治理知识生产的格局也逐渐改变。中国方案给世界上那些既希望加快发展又希望保持自身独立性的国家和民族提供了全新选择。

第二节　中国理论的鲜明品格和世界贡献

每一个时代都有立于潮头的思想理论，引领人类社会发展。进入 21 世纪，人类发展处于十字路口，全球治理和国家治理遇到诸多难题，其中不乏思想理论上的困惑。随着中国成为世界第二大经济体、日益走近世界舞台中央，中国理论如何回答和解决自身面临的特殊问题以及人类面临的共同问题，受到国际社会广泛关注。在国际比较的视野中讲清楚中国理论的鲜明品格及其对世界的贡献，不仅有利于回应国际社会的关切，而且有利于我们进一步坚定理论自信，更好地构建中国特色哲学社会科学理论体系与话语体系。

一、注重开放包容

中国理论的内涵有狭义与广义之分。从狭义上说，中国理论是指中国特色社会主义理论体系；从广义上说，中国理论则是指我国哲学社会科学中具有代表性、影响深远的理论。需要指出的是，中国理论的这两层含义不是相互对立和相互排斥的，而是相互补充和相互增益的。无论是狭义上的中国理论还是广义上的中国理论，都具有开放包容的理论品格。这一理论品格不仅具有鲜明的中国特色，而且能够引领当今世界理论发展的新趋势。

比较人类几大文明的认识和思维方式，没有一种文明像中华文明这样特别重视开放包容在认识世界和改造世界中的作用。开放包容的品格在中国理论中得到自觉贯彻，体现在中国学者认识世界和分析世界的思维过程中。马克思主义中国化的理论成果，就是开放包容的结晶和典范。如果说西方理论的特色是追求片面之深刻，那么，中国理论的特色则是追求会通之博大。追求片面之深刻，固然可以在"点"上形成较为深入的认识，但容易"一叶障目，不见森林"；追求会通之博大，则可以在不同事物之间寻求共通点和联系，促进多元主体共生共荣。西方理论大都建立在分析思维之上。这是一种侧重于"找不同"的思维，它将世界人为地分割为不同的部分，同时将"不同"视为沟通合作的障碍，甚至以消灭"不同"的方式来追求所谓"秩序"。中国理论则建立在和合思维之上。这是一种侧重于"找共通"的思维，它强调在有形的差别中看到无形的联系，认为"不同"不是沟通合作的障碍，而是沟通合作的机会。中国理论认为世界是一个普遍联系、融会贯通的整体，主张整体、联系和动态地看待世界，反对割裂、分别地看待世界。"找不同"的思维看到的世界是别样的，"找共通"的思维看到的世界则是别致的。

　　这个世界充满着多样性和不同。是强调分别割裂还是注重兼容并包，反映的是迥异的世界观。在这个问题上，中国理论与西方理论形成了鲜明对照。后者主张把自己特有的价值、制度变成其他民族和国家必须接受的"普遍真理"，由此在实践中产生了干涉主义，使得自身与外部世界时常处于冲突状态，加剧了不同文明之间的紧张和冲突。而中国理论则以兼容并包的态度看待多样的世界，努力在"不同"之间建立有机联系、实现共生共荣。从现实情况来看，人类不同文明之间的来往还远远没有达到会通的状态，这也为各种思想理论的交流和发展提供了新的可能。从对会通的强调来看，中国理论实际上是一个开放包容的理论体系。在不同国家和民族之间交往范围日益扩大的当今世界，能够在各种看似差异很大的事物之间找到会通之处，这样的理论视野自然更为开阔、具有更强的兼容能力。同时，由于重视会通而不是放大差异，中国理论也是一种能够对极端主义思潮进行有效"对冲"的理论。这在当今各种极端主义思潮泛滥的世界上，更显得难能可贵。

二、注重协商合作

制度和秩序问题是每一种宏观社会政治理论都要关注的。狭义上的中国理论作为一种治国理政理论，也必然蕴含着制度和秩序理论。从这个层面看，注重协商合作是中国理论的鲜明品格。

中国的制度和秩序理论饱含着协商合作的精神，它强调国家治理的制度体系应建立在统筹协调、协商合作的基础上，而不是建立在分权制衡的基础上。分权制衡的制度理论一直是西方社会政治制度理论的主流。这种理论的形成具有西方特定的历史和国情基础，然而随着时代的发展，其弊端也日益凸显：当制衡变成掣肘甚至对抗时，就会出现"心不能使身、身不能使臂"的问题，导致国内各种政治力量和社会力量群龙无首、相互掣肘甚至对抗分裂。因此，在制度模式的比较和竞争中，协商合作的制度体系相对于分权制衡的制度体系显现出明显的优势。

在世界多极化、经济全球化、文化多样化、社会信息化深入发展的当今时代，各国的社会政治制度理论不仅应关注如何建构国内制度体系，而且应关注本国在全球治理和国际合作中的责任与义务。从这个角度来观察，建立在分权制衡基础上的西方社会政治理论只是一种国内社会政治理论，并没有处理好建构国内制度与增进国际合作的关系。建立了分权制衡制度体系的西方国家由于内部频繁的相互否决，连带地削弱了其对国际合作协议的遵守和执行，这与全球治理和国家合作中日益增加的解决共同问题的需求是不相适应的。比较而言，协商合作的制度体系能促进国内政治与国际政治之间的良好沟通，从而保障一国较好地履行参与全球治理和国际合作的责任与义务。人们发现，同注重协商合作的制度体系打交道要比同强调分权制衡的制度体系打交道具有更强的稳定性和确定性。中国在全球治理中起的作用能够迅速提升，与其制度体系建立在协商合作的基础上是有很大关系的。

20世纪以来的西方社会政治理论，在制度建构问题上陷入机械主义的误区，过度追求形式主义的制度。事实上，一种制度体系对一个民族和国家是不是管用，并不在于其形式如何精美，而在于其在实践中是不是能有效地预见和解决问题。制度能否有效运行，既取决于制度的合理性，也取决于人们对待这种制度的态度。机械主义的制度观片面关注制度的形式，却忽视了建构与执行这种制度的人。一些发展中国家在从西方借鉴甚至移植制度的时候，盲目追求形式的、机械的制度，而忽视了本国国情及人们的现实需求，导致国家治理体系成为"空中楼阁"，甚至引发族群分裂与社会动乱。制度和人的关系涉及很多内容。例如，在实践中，国家治理的制度体系必须重视人力资源的组织培训问题。在这个问题上，中国理论显示了独特优势。近些年来，在关于如何治国理政的国际交流中，越来越多的外国执政党开始重视考察中国的党校、行政学院以及政治学习、干部培训在国家治理体系和治理能力提升中的作用。

三、注重互联互通

任何具有国际视野的治国理政理论，都既要解决本国面临的特殊问题，又要对人类面临的共同问题做出回答。这就是个性与共性的辩证关系在治国理政上的体现。中国理论自然以解决中国问题为基本着眼点，同时基于人类命运共同体、利益共同体的理念，积极为改革和完善世界政治、经济治理体系提供中国方案，体现了注重互联互通的鲜明特色。

中国理论从世界是普遍联系的这一马克思主义哲学基本观点出发，强调人类是一个逐步走向互联互通的整体，良好国际秩序应建立在合作互通而不是割裂对抗的基础上。从国际关系史来看，一旦分权制衡的政治思想或对外推广国内制度的理念主导了国际秩序顶层设计，就会导致国际秩序走向对抗和分裂。这是西方国家与外部世界关系频繁出现由多极体系向对抗式的两极体系转换的重要原因之一。当今世界治理必须避免结盟对抗的冷战政治，这是各国共同的政治责任，也是中国大国外交理论的基本主张。过去不少国际秩序理论总是寄希望于通过制衡达到稳定，最终效果都不理想。这就需要人们超越制衡的政治理念，从人类命运共同体、利益共同体的立场出发，思考建构新的国际秩序。

在中国理论看来，合而治之既是国内秩序也是国际秩序的基本原理。世界上很多国家和地区，饱受殖民主义和帝国主义政治理论所倡导的分而治之政策之苦。今天世界各地出现的动荡与动乱,仍然与分而治之的理念与政策有直接或间接的关联。中国在发展同其他国家和地区的关系问题上,明确主张和倡导互联互通,强调在彼此之间建立对话伙伴关系,致力于促进更大范围、更深程度的合作。这就是合作共赢的政治理念。按照制衡的政治理念,人们很难理解中国一直支持自己周边的东盟国家走向一体化,因为制衡政治理念的出发点就是防止自己身边出现一个统一、强大的政治体。支持和鼓励其他国家和地区走合而治之的道路,是中国理论的一个基本主张。

"一带一路"建设理论是中国理论的重要组成部分,是中国促进世界互联互通的重要举措。它本着共商、共建、共享的理念,倡导实现"一带一路"沿线国家合作的便利化和共同发展。"一带一路"沿线有很多发展中国家,它们彼此的联通涉及规划衔接、基础设施、政策、经贸、人文等多方面内容。对世界上更广泛的国家和地区来说,推动互联互通可以拓展合作共赢的广阔空间。当前,美国在大力支持和鼓吹其全球化理论,但其目的更多的是向外推广自己的价值、制度和道路。而中国从更加务实的角度、从互联互通入手推动与相关国家和地区的合作,同时支持相关国家和地区实现互联互通。现在,越来越多的国际人士认识到,互联互通代表着国际合作的一个新趋势。未来,随着"一带一路"建设的有序推进,互联互通将日益成为新时期国际政治经济合作理论的基本理念之一。

第三节　新型大国安全治理新方略

党的十八大以来，习近平总书记围绕国防军队工作、网络与社会信息化工作、海洋安全、地区安全、国际安全和核安全等一系列讲话，系统阐述了在我国综合国力迈上了一个大台阶，同时国内外安全形势面临新的复杂考验情况下，如何实现人民安康、社会安定、国家安稳、世界安宁的总体国家安全观思想。总体国家安全观为新时期中国国家安全治理体系现代化和巩固国家安全建设提供了指导思想，是中国共产党治国理政体系的重要组成部分。习近平总书记关于总体国家安全观的论述是一个系统的整体，概括起来，就是在一个总体国家安全观思想指导下，围绕两个大局进行安全思忖和谋划，把握新时期安全的三个内涵，在处理好五对关系中，实现国家安全的四大目标，走一条中国特色的大国国家安全道路。

一、"一个指导思想"

一个总体国家安全观指导思想：总体安全观是世界各大国处理安全问题的基本趋势，也是安全治理需要走综合治理道路的需求。总体安全观强调认识和解决安全问题需要全局思维和战略思维，针对不同阶段面临安全威胁的轻重缓急和目标的优先次序进行科学的研判和决策，统筹协调各方力量，综合运用各种手段，有效调动分配各类安全资源，从而形成巩固的国家安全综合治理体系。

二、"两个大局"

围绕两个大局进行安全谋划：两个大局就是要将国内安全与国际安全两个大局紧密结合起来，看待国家安全治理体系建设。一个国家的安全从来不是与外部世界孤立的，总是因时因势而变，因地因事制宜，建立在与外部世界关系的认识基础上的。习近平总书记指出，国际安全是国家安全的依托。没有一个有利的外部环境，国家的发展和安全就会受到干扰。所谓有利的外部环境，既包括争取对我有利的外部环境，也包括将外部消极因素转化创造为对我有利、为我所用的积极因素的能力。当前中国与世界的关系发生了历史性变化，时空交错、内外联动是国家安全议题重要的表现形式，国家安全建设必须要放在国内安全和国际安全两个大局之下进行思忖和谋虑，搞国内安全工作的要懂国际安全，搞国际安全工作的也要懂国内安全。

三、"三个内涵"

把握新时期安全的三个内涵：在中央国家安全委员会第一次会议上，习近平总书记指出，当今世界的安全概念发生着深刻的变化，表现在安全内涵和外延的变化、安全时空的变化、安全内外关系的三大变化上。抓住这三点内涵，有助于我们从总体和综合角度思考国家安全性质和内容。这三大内涵变化，使得当今安全问题具有新旧叠加、时空交错、内外联动的特点。以国民安全为例，2013年大陆出境人次超过1亿，而改革开放前近30年，我国出境人次总和只有 21 万人次，对这么大规模的国民出境人次，其人身财产安全的保护就是前所未有的一个新课题；再以经济安全为例，我国现在是世界上最大的货物贸易国家，在构建开放性经济新体制进程中，如何提高抵御国际经济金融风险能力、有效维护海外经济权益、完善海外投资安全的监管，也是一个新课题；同样以生态安全为例，生态安全具有很强的空间转移和隔代转移的时空交织特点，其治理体系就要有"功不必成于当代"的长远眼光。

四、"四大目标"

实现四大安全目标：中国特色的国家安全道路，在发展和目标上是实现人民安康、社会安定、国家安稳、世界安宁，概括起来就是在国内建设平安中国，在国际关系中坚定不移地走和平发展道路，努力建设一个和谐世界。这四个"安"是一个相互依存的整体，社会安定和国家安全的根本宗旨是保障人民安康，国家内部人民的安康和社会安定离不开一个和谐共生的世界。今天的世界仍不安宁，和平与发展两大问题一个都没有解决，作为一个拥有人类五分之一人口的中国，其自身实现人民安康、社会安定、国家安稳的模式和方式，本身就是对国际安全和世界和平的巨大贡献。

五、"五对关系"

处理好五对关系：既重视外部安全又重视内部安全，既重视国土安全又重视国民安全，既重视传统安全又重视非传统安全，既重视发展问题又重视安全问题，既重视自身安全又重视共同安全，切实做好国家安全各项工作。五对关系不是孤立、割裂的，而是辩证统一的，核心是在处理安全问题时，要有整体思维、战略思维、全局思维、历史思维。

六、中国特色的国家安全道路

中国特色的国家安全道路是在将国家安全的一般治理原理与中国具体国情结合基础上逐步形成的。例如，从国家安全的一般原理讲，中国作为一个大国，必须拥有与其他大国一样的巩固的国防和军队，但是中国作为一个奉行和平主义的社会主义国家，其安全思想又具有自己的历史、文明、制度和实践特色，中国反对黩武好战，黩武好战则必衰必亡，但中国不忘战荒兵，忘战荒兵必招寇招侵。中国特色国家安全治理体系初步形成了以下几个鲜明的特点。

第一，党对国家安全工作的领导是中国特色国家安全道路和国家安全保障的根本和核心。认识中国国家安全治理结构，必须放在中国政治和制度体系坐标下，国家安全治理结构不能照搬或者完全参照别的国家。以新设立的中央国家安全委员会为例，其简称不能为"国安会"，而应为"国安委"，而且，"国家安全委员会"前面加"中央"两字，突出党的领导统筹协调意义。我们不能以议会制国家下的国家安全委员会看中国的中央国家安全委员会结构，也不能以美国总统制下的国家安全委员会来理解中国中央国家安全委员会的运行，中国的中央国家安全委员会必须放在中国制度模式体系下去理解。

第二，独立自主的国家安全体系是国家安全的最坚实基础。中国不是一个中小国家，在国家安全问题上不可以依附其他大国；中国是一个处于社会主义初级阶段的国家，仍将长期与资本主义国家竞争并存。历史的正反经验和教训使得中国在国家安全保障上不能对外部心存幻想，必须埋头重视独立自主的物质基础建设，包括独立自主的科技、工业、国防、经济、金融体系、网络等，将国家安全的主导权牢牢掌握在自己手中。

第三，实现国家安全与世界安宁互补互进是中国作为新型大国的安全道路特色。中国特色的国家安全道路是有利于世界安宁的道路，它不将自己的安全建立在别国不安全甚至损害别国安全的基础上，也绝不允许别国危害中国的主权、安全和发展等核心利益。西方的地区国际关系以及对外关系史中之所以频繁出现国强必霸、强权干涉、以邻为壑的安全实践，给人类文明带来了巨大的灾难，根本上在于其惯于将自身安全与他人安全对立起来的零和思维。中国作为一个新型大国，致力于从相互依存状态、命运共同体意识、和谐共生思维、互补互进实践等方面，破解国家安全与国际安全的二元难题，努力探索出国家安全与国际安全共生的道路。习近平总书记在国内外场合多次指出，国与国关系发展要将心比心，要互谅互让，彼此照顾对方的安全关切和核心利益，既重视自身国家安全，又要重视与他国的共同安全。

中国作为一个新型大国、社会主义大国，不会走过去一些大国以强凌弱、以大欺小、损人利己的国家安全道路，这是中国根据自己历史以及世界历史道路的正反经验和教训得出的国家安全新路。中国特色的国家安全道路是世界之福，而不是世界之祸。以人民安全为宗旨，以政治安全为根本，以经济安全为基础，以军事、文化、社会安全为保障，以促进国际安全为依托，这就是一条中国特色的国家安全道路。

第四节　在国际比较中增强中国理论自信

当前,国际社会对中国道路、中国理论、中国制度及中国共产党治国理政思想与实践的关注持续升温。这一动向表明,国际社会对中国的关注已从中国经济快速增长深入到中国道路、中国理论、中国制度。如何在国际比较中认识和阐发中国理论在人类文明进程中的地位与价值,成为我国思想理论界的重要使命。

一、科学的治国理论应在比较和会通中形成自身特色

人类各种文明形态在发展进程中面对共同或相似的问题,由此积累了许多处理共性问题的智慧和经验。例如,当今世界大部分国家与我国一样面临一个共性问题,那就是实现什么样的发展、怎样发展。而在不同国家促进发展的实践中,会出现理论表达上的同名异义或同义异名现象。所谓同名异义,如民主政治,名相同,但其实质含义在不同国家的政治建设中有所不同;所谓同义异名,如世界上很多执政党治国理政的任务和目标大体上是接近的,但相关政治理论词汇并不完全一样。

一般来说,同名异义和同义异名现象会阻碍理论交流、对话和沟通。如果沉溺于求异,往往难以在会通中掌握认识提升的要领。但如果从共通的角度对与自身相关的主要理论进行比较,善于发现各种理论之间的互通性,就有助于在开放和交流中汲取对自己有益的理论成果,不断增强自身解释问题、解决问题的能力。一种理论越能在比较和会通中认识同名异义与同义异名现象,就会越坚定地

用自己的概念、范畴、方法来表达主张的信心。在这个问题上，中国理论既没有陷入"全盘西化"的困境，也没有简单地排斥西方理论。它科学把握不同理论之间同名异义与同义异名的辩证关系，在开放中保持整体向前的态势，在汲取、互鉴与会通中不断实现自身的丰富和完善，并形成了特有的概念、范畴、表述和解释体系。

二、中国理论彰显了特殊性与普遍性的有机统一

从国际视野看中国理论，特殊性与普遍性的有机统一是其鲜明特质。中国理论与其他国家的治国理政理论之间既存在共通性，又存在不可共通性，因为任何国家的治国理政理论都来源并扎根于其独特的实践。中国理论在回答人类面临的一些基础性问题以及本国发展的重大问题上，具有自己的风格和特色。但应指出，强调中国理论的特色和风格，绝不像有些外国学者所说的，是要将其作为"例外主义"理论。"例外主义"具有排他含义，用它形容中国理论是不恰当的。中国理论的风格既不排他也不排外，而是重视在学习、互鉴、兼容中保持向前发展的活力。这为其他国家和民族发展符合自身实际的治国理政理论提供了新的参考系。

中国理论由政党建设理论、政治经济学理论、民主政治理论、文化文艺理论、社会治理理论、外交理论等相对独立但又逻辑自洽的部分组成，拥有自己的概念体系、表述体系、方法体系和解释体系。中国共产党建设理论既吸收世界政党建设理论的先进成果，又具有鲜明中国特色。研究中国的国家治理体系和治理能力，最重要的是从历史、文化、实践和世界的角度研究中国共产党。不研究中国共产党的治国理政思想与实践，就难以全面、深入地理解中国道路和中国制度背后的理论特色。就此而言，中国共产党执政的理论逻辑与多党竞争体系下政党执政的理论逻辑自然存在不可相通性。从一定意义上说，这也是中国政党理论的价值和意义所在。

从政治经济学理论来说，占世界人口 1/5 强的中国不是通过侵略和掠夺他国财富的对外扩张方式，而是通过制度创新和治理体系完善的方式，消化压力、解决问题，一步一步地实现全面建成小康社会等战略目标，这是对人类和平发展的重大贡献。在此方面，中国理论与先前各种殖民主义、帝国主义政治经济学理论自然存在不可相通性，具有自己鲜明的特色和优势，符合人类文明发展的主流与趋势。

从特殊性与普遍性有机统一的角度把握、诠释中国理论，有助于在国际比较中进一步认识中国理论的特色。在解决人类面临的共同问题上，中国理论在与其他各种治国理政理论的交流和比较中显示出比较优势；在处理自身面临的复杂和特殊问题上，中国理论在开放和学习中体现出自己的特色和风格。伴随着国际力量格局变动而来的是国际知识格局的变动，中国理论的概念、方法、范畴和表述能够为现有的国际知识格局增益其所不足。

第五节　正确认识和使用合法性概念

合法性是一个社会科学概念，较广泛地使用于政治学和法哲学分析领域，其中，又尤以派生而出的政治合法性一词使用最多，当然争议也最大。目前不光是一些翻译过来的教科书，甚至影响很大的中文门户网站关于政治合法性概念词条的介绍都是有选择性的，基本是使用西方政治学中关于合法性的相关解释。为此，很有必要对政治合法性概念进行梳理和辨析，以正确认识和使用这一概念。

一、被误读的合法性概念

政治合法性是指政党、政府或者统治者基于价值体系、历史规律、民心向背、治理绩效、国际承认等单个或者综合因素而获得的治理国家的正当理由。就此含义来说，政治合法性与正当性、正统性概念的界限又是模糊的，人们在使用过程中往往并不做仔细区分。由于政治合法性属于一个意识形态范畴的概念，对其基础和来源的解释，在不同政治学学科话语体系中自然出现很大分歧。讨论政治合法性概念的前提，是人们必须承认世界是一个多元文化、多样制度构成的世界；离开这个前提，用任何单个地区特色的政治学理论对政治合法性基础的解释，来要求和框定其他国家和地区对政治合法性的理解，必然造成政治学理论的内在冲突，不利于不同政治文明的交流互鉴、和谐共生。

一般来说，政治合法性的基本内涵主要包括以下五个方面。

价值体系：对核心文化和价值体系的坚持、传承和创新是政治合法性的重要基础，古今中外这类合法性叙事可能表现在天命、道统、神授、礼制、天下、文明、价值观等同义异名的表述中。有一种政治理论——例如一些学者广泛引用的德国思想家马克斯·韦伯的合法性学说，隐含地假定从传统而来的合法性是前现代的、落后的表现，这是不正确的。因为即便在现代政治中，世界上许多国家的政治合法性没有离开也无法离开对文化和价值的坚守和继承，否则便无法理解为什么西方政治教科书中广为流行的言必称希腊和宗教传统的正统性叙事方式，反之也可以理解为什么美国将其在西方世界领导地位的合法性解释为继承光大而不是背叛否定了西方文明和核心价值。

历史规律：世界上不少国家特别是大国，政党、政府会把对历史规律的把握作为政治合法性的基础。关于历史规律的合法性理论往往是竞争性的，这源于人们对历史规律理解的差异。例如，在冷战结束后昙花一现的"历史终结论"宏大叙事中，政治合法性的历史规律来源被解释为"自由""民主"思想以及建立在这个思想基础上的政府原理。中国共产党作为一个马克思主义政党，则将政党的执政生命力建立在对共产党执政规律、社会主义建设规律、人类社会发展规律的认识和实践基础上。在像俄罗斯、印度以及伊斯兰世界一些国家，其执政党的政治合法性往往通过文明和国家复兴的话语系统予以解释。

民心向背：民心向背是政治合法性争议最少的基础，中国政治传统中对此论述极为丰富。任何一个政党或者政权，人民对政党执政和政府的认可、支持、欣赏和赞许，是政治合法性的民意民心基础，因而才有"得民心者得天下""得道多助，失道寡助"之说。

治理绩效： 政治合法性长远来说取决于政党或政府的治理绩效，治理绩效来自一整套适合本国国情的制度和治理体系，以及应对和解决复杂问题的治理能力。政治合法性概念在这里实际上同治理的合理性联系在一起，也就是说政治合法性是建立在国家治理体系和治理能力现代化的合理性支持上的。

国际承认： 在现代政治中，政治合法性问题还有一个重要来源，即来自主权国际体系的相互承认。虽然我们不能绝对地说，有些争取正义力量的民族解放运动，或者取得稳定统治的政府，因为短期没有得到国际承认就不具有合法性了。在过去非殖民化和民族解放运动时期，有的国家玩弄所谓"承认"问题，阻碍非殖民化和国际关系民主化进程。而在当今主权国际体系已经定型的世界中，有的国家又通过合法性概念来质疑主权国家合法政府并支持和鼓励主权国家内部的反政府力量，这是违背《联合国宪章》以及联合国多个决议、公告、文件的。在外交承认问题上，同洛克政治理论部分有关的罗尔斯的国际法理论，实际上在实践中正在威胁到主权国际体系的民主、稳定和秩序，国际社会对此是要警惕的。

显然，从以上关于政治合法性概念的一般内容来看，政治合法性是由一整套支持着政党、政府的意识形态解释系统构成的。不难看出，认为选举授权和代议制程序是政治合法性的重要甚至唯一根源，无疑是非常片面和狭隘的，最多只能是学术上的一家之言。德国思想家哈贝马斯在论述晚期资本主义合法性危机问题时直言不讳地指出，所谓程序不是因为程序模式的正当性而被合法化的，它的背后还是一套意识形态支持系统,也就是资产阶级代议制理论和民权学说。

二、从合法性到合理性

中国共产党领导人民取得了民族独立,建立了新中国,按照宪法和法律依法治国,其合法性是当仁不让、堂堂正正、实至名归、毋庸置疑的。如前所述,不同的政治学理论中,都存在对合法性的不同表述现象。中国政治话语体系中对合法性的主流表述是清晰的,也就是:通过对社会主义核心价值观的培育和践行,塑造了政治合法性的价值基础;通过对中华文明和新中国历史的连贯性叙事,确立了合法性的历史一致基础;通过人民民主的一整套制度安排,奠定了合法性的制度基础;通过国家治理体系的发展和完善,巩固了合法性的治理基础;通过政党和全体人民之间命运与共的关系,赢得了执政合法性的民意和民心基础;通过和平发展而不是称霸扩张的对外关系,扩大了合法性的国际关系基础。

那么,为什么合法性概念还在成为政治学、政治经济学和法哲学研究的一个选题呢?撇开前面提到的对西方合法性概念的选择性使用不说,人们在使用这个概念的时候,有时不自觉地将合法性和合理性两个概念混淆了,也就是把国家治理和发展过程中需要用合理方式解决的问题,过度上升为政治合法性问题。实际上,在任何合法并依法执政的国家,国家治理中碰到的很多问题是解决方式的合理性问题,而不是政治合法性问题。人们不能因为一个国家存在的具体问题,就质疑国家和政府的合法性,也不能整天讨论自身合法性问题,制造自我强化的身份危机,如果这样的话,任何政府都可能陷入无谓争论而一事无成。

进一步来说,中国共产党领导人民进行革命建立新中国,就已解决了合法性问题,继之面对的不是合法性问题,而是在治国理政中,如何努力发展和完善国家治理体系和治理能力现代化这样的合理性问题。在革命阶段的合法性叙事话语,自然转化为建设和改革阶段的合理性话语。这一点其实对联合国体系中的绝大多数国家同样适用,也即每一个主权国家政府面对的都是国家治理体系和治理能力现代化的合理性问题,因此,治国理政的合理性而不是政治合法性,才是和平和发展时代政治学的前沿研究问题。

三、正确使用合法性概念

除了对合法性概念的准确理解以外,这个词语在使用中还要照顾到国别政治现实,避免在国际学术交流中引起不快。在国际政治中,合法性有时成为意识形态和舆论斗争的一个词语,被有的国家意识形态化了。有的国家领导人在外交场合不顾基本的外交礼节,公然指责中小国家的政府失去合法性,要其下台,这种行为着实让人吃惊。因此,在国际学术交流中需要增强对合法性概念使用的鉴别能力,不能因为别人在用,就将其误作为国际学术前沿研究议程而照单引进。同时也要注意,轻率地使用这个概念去研究别国合法政府的合法性问题,是冒犯性和不受欢迎的。

由于合法性是属于意识形态范畴的概念,因而应该承认这个概念在不同地区政治中存在多种表述的现象。每个国家特别是大国,应当彼此尊重各自对政治合法性基础的解释，不可用自己的标准或者把自己的标准作为全世界唯一的标准，去质疑、否定甚至颠覆别国合法政权，否则，就破坏了国际秩序的底线，侵犯到别国的独立和自由。

最后，在学术研究中，随便评价别国政治制度的好坏是不适宜的，然而，这并不妨碍我们从学术上对西方流行的所谓"选举授权产生合法性"的观点保持必要的学术怀疑，因为没有独立的怀疑精神就没有学术进步。政治学和外交学中存在不少核心概念，外来的有些解释并非就是学术令箭。合法性概念就是这样，我们理解和使用这个概念，关键不在于人云亦云地停留在别人是怎么说的，而是我们自己究竟怎么独立地理解和表述的，这才是积渐而成中国政治学和国际关系理论体系所要做的重要工作。

第六节 民主的希望和未来在中国

世界上有两个国家一说民主人们可能会笑。美国现在在国际上一讲民主，全世界人都会笑，因为它的民主政治对内对外都出现很大问题，名实不副；一说中国是世界上人口规模最大的民主国家，有些人会笑。为什么会笑？因为有些人骨子里认为中国不是民主国家，是西方政治话语塑造下的威权和专制国家。对此，很有必要在实事求是的基础上对中国式民主政治与美国式民主政治做一对比，以消除人们对美国民主的神化和对中国民主的矮化。我认为不将对别人的神化和对自己的矮化的观念障碍从我们大脑中拔除出去，我们就不能客观地探讨这个问题，坚定走自己民主政治道路建设的信心和恒心。

一、"吃别人嚼过的馍没味道"

有人说，美国是民主的老师，中国是民主的学生，学生怎么敢和老师比？这种以美国民主标准为参照的认识心态本身就是不科学的。中国今天的一些法学、经济学、政治学、现代化理论、政治发展研究、比较政治研究基本是按照这个套路在研究中国的，即先按照美国民主设定一个标准，然后将中国民主对号入座。这是在别人标准、别人话语体系下研究自己，结果可想而知，总是对自己横挑鼻子竖挑眼，别人成了审美的对象，自己变成了审丑的对象，长此以往，自己好的东西都会被整容给毁了。所以，比较中美民主，要有不唯上不唯外的态度和精神，此为一。

还有一种错误的比较方法是从教条的书本出发，脱离实际和实践比较中国式民主和美国式民主。典型的是从美国民主教科书中的概念出发比较中美。此后果有二。一是美国民主教科书中的民主与美国的实际差距太大，完全按照教科书，会导致对真实的美国民主政治的误读误解甚多，忽略了对美国不自由不民主的认识；二是国人如果按照美国民主教科书理解美国，会导致对美国民主的赞扬连普通美国人看了都觉得不好意思。所以比较中美民主，要有不唯书的态度和精神，此为二。

那么，既然要比较，就得有个标准。这个标准是什么？就是唯实！世界上新制度模式出来的时候，人们是无法从外来的和旧模式中的概念理解它的。本书抛开许多外来的烦琐、枯燥、晦涩、教条的民主政治教科书中的概念，结合民主政治的常识和中国政治生活语言，从政治一般原理比较中国式民主和美国式民主。

我认为生活是最大的学问，所有的学问道理都蕴含在普通生活中。看似复杂的政治原理其实就在生活之中，也建立在生活上面。我们不能观察鲜活的生活，或者将社会生活与所谓的社会科学概念对立起来，是因为我们被强加的概念束缚住了。一旦我们从美国民主政治教科书的概念中跳出来谈民主，思想上就会很轻松，就会感到很解放；唯有用扎根于本土的鲜活的概念，才能将自己的民主政治讲生动。习近平总书记2014年3月在兰考考察时引用焦裕禄的名言"吃别人嚼过的馍没味道"，我们研究和探索中国民主政治发展道路，也要有这种精神。

二、中美民主政治的历史和文化

中美民主政治建立在各自国家的历史之中。比较中国式民主与美国式民主，有两个因素影响甚深，一是文化因素，即"和"与"同"；二是历史因素，即两国民主政治的奋斗史的差异。

（1）文化上：美国求"同"，中国尚"和"

中国是一节一节长出来的国家，美国是一块一块拼成的国家。中国民主政治精神重"和"，美国民主政治精神重"同"。概言之，美国求同，中国取和。"去和取同"者衰，这句话是《国语》中史伯与郑桓公论兴衰时说的。

美国人善于求同，中国人善于求和察异。高度一致成了美国社会典型的特点，这符合资本主义文明的特点，资本主义来到这个世界上，就是消灭多样性的；群星灿烂是中国社会的特点。由于是拼出来的国家，美国格外重视认同，国家力量几乎无处不在，很隐蔽地渗透到各个领域。总之，你一定要同我一样，不一样就是异己。

哈耶克的《通往奴役之路》以及奥维尔的《1984》《动物庄园》在国内颇流行，这几本书都被认为是攻击共产主义计划社会的，是对苏联共产主义社会的抽象写照。其实错了，大家要认真读并对比美国的话，这几本书其实是今日美国社会的写照。至于斯诺登揭露出来的监听计划更是骇人听闻，让人感到走到哪里都有一只一美元纸币上的眼睛在盯住你，你已经没有自由了。科学和民主在美国一定程度上成了控制、监控、操纵、标准化别人的工具，而最近的脑科学，让人恐惧地联想到远距离控制别人大脑的后果。由此观之，究竟是谁在修通往奴役之路呢？

在中文中，控制与专制一字之差。一个如此重视监控、操纵、控制的社会，怎么可能有民主精神呢？大家再读一些西方实验心理学方面的书，读多了让人毛骨悚然，人与人之间关系难道像小白鼠一样，就那么简单地化约为试验和控制吗？而这种科学在中国社会中是很难发展起来的。所以，美国一定程度上是设计出来的。一个设计或控制出来的社会，一定存在违背人自由精神的东西。有人认为美国是个人主义的社会，其实不准确，美国同样是个极为重视集体主义的社会。

比较来说，中国是原生地长出来的，是一个大家庭社会，伦理亲情都还在。每个中国人，多多少少都受到老庄思想的影响。国家对个人干涉甚少，讲"导之"，也讲"由之"，所谓"无为"，即为自由。国家始终为个人和社会保留充分的空间，社会因素一直很丰富。这是社会文化基因的差异对真自由、真民主精神培育的影响，它是渗透在生活中的政治文化。一个国家的上层政治，一定是建立在日常生活政治哲学中的。

（2）历史上：中国争取独立，美国寻求扩张

近代以来的世界民主史上，中国对民主的追求和探索有几点被忽视和轻视了，第一是中国反抗帝国主义压迫和国民党专制统治，追求民主建国的历史；第二是新中国成立以来对民主治国的政治道路的探索。

讲民主政治，既要讲人民当家做主，也要讲国家独立自主。国

家独立自主是一个国家在国际体系中保障本国人民享有民主的基本前提。一些国家领土上被美国驻军，按照美国驻军协定，美国军人在当地犯罪不受当地司法管辖。你说这个国家的司法还保障本国的民主和自由吗？

中国人追求民主建国的历史首先是要从半殖民地半封建体系中独立出来，自主选择自己的道路；美国从英国的殖民体系中摆脱出来，也有一部追求民主建国的历史。但说美国的民主是谈出来的，只说对了三分之一，另外三分之二，是在有钱人之间谈出来的，同时也是打出来和对外扩张出来的。即便说是谈出来的话，主要是在种植园主、工商资本家、金融资本家之间谈出来的，而不是在资本家和人民之间谈出来的，这点比尔德在《美国宪法的经济基础》中说得很清楚。同样，美国黑人争取自己的权利，那可不是谈出来的，是流血和牺牲换来的，不是别人主动施舍来的。

所以，美国的"谈"，与新中国成立时的政治协商会议的"谈"完全不同。费孝通先生曾这样描写他出席北平市第一次各界人民代表会议的观感："我踏进会场，就看见很多人，穿制服的，穿工装的，穿短衫的，穿旗袍的，穿西服的，还有位戴瓜皮帽的——这许多一望而知不同的人物，会在一个会场里一起讨论问题，在我说是生平第一次。"

（3）民主政治的群众基础

新中国在立国的时候就解决了民主的群众基础问题，所以不存在美国后来始终面对的政治扩容问题。美国建国时，没有解决好民主的群众基础问题，其政治发展一直面临民主的扩容问题。美国当家的是少数人，建国一开始，有钱有势者就开始主导政治，直到今天仍然如此；美国直到 20 世纪 60 年代黑人才拥有选举权，才实现形式上的人民当家做主，当然这个当家做主其实也就是一票而已。

有人说中国是一个差序社会，其实不准确。中国是一个等序社会，美国是一个差序社会。围棋中每个棋子都是平等的，但国际象棋中每个棋子是不平等的。前者孕育着更多民主的精神，后者充斥着精英精神，是一个将人分成三六九等的社会，这个社会天生是反民主的，害怕民主的，由此也形成了建立在牺牲弱者和赢者通吃基础上的自由原则，而这条原则又与民主和平等是冲突的，正在伤害着美国，所以我认为美国将来一定会出现越来越多朝社会主义方向的改革动力。美国不缺资本主义，美国缺的是社会主义。

由于民主的群众基础的差异，中国共产党敢搞群众路线，约束自己监督自己，通过群众路线巩固自己的执政地位，美国两党不敢搞群众路线，一搞群众路线，其执政地位就没有了。这是政治的阶级基础的差别导致政治生活的不同。

三、民主政治的经济基础

民主政治的经济基础应该分为两个部分考察，一是国内经济基础，二是国际经济基础。

（1）中美民主的国内经济基础有着"公"与"私"的本质区别

讲民主政治的经济基础，不理解公与私的关系，这个问题就容易混乱。中国人讲"天下为公"，资本主义在西方发达以后，讲的是"天下为私"。欧洲大陆和英美在公私问题理解上有差异，社会主义思潮在欧洲大陆远比在美国流行，与欧洲大陆文化仍然存有公的理想有关系。马克思主义能够被中国接受并中国化，与马克思主义中的"公"的思想与传统中国社会"公"的思想兼容有关系。

马克思主义认为，私有财产制与民主自由平等天生是矛盾的，一个社会越受私有财产制的支配，就越可能走向民主自由平等的对立面。民主在美国异化为钱主，是这个逻辑的自然结果。中国特色民主政治经济基础的重要条件是公有制的主体地位，党的执政和政府的行政是建立在这个基础上的，人民对党和政府的信任是因为党和政府代表着"公道"。中国共产党执政最讲一个"公"字。在中国民间政治话语中，至今仍然会称政府为"公家"，遇事不解的时候"找公家"。

（2）中美民主的国际经济基础有着"共生"与"寄生"的区别

人们谈希腊民主制的辉煌的时候，忽视了那些贵族谈论的民主其实是建立在对外围殖民地的剥夺基础上的。美国民主政治很大程度上仰赖一个寄生的国际经济体系。反观中国人走自己的民主政治发展道路，既没有也不可能建立一个寄生的国际经济体系，相反一直致力于建设一个互利共赢的共生国际经济基础。马克思的资本主义政治经济学，本质讲的就是这种制度的寄生性；社会主义政治经济学，本质是共生性。美国现代化道路是在对外扩张和战争的基础上走过来的，中国现代化道路是在内生制度创新基础上走过来的，没有对外殖民扩张的经历。所以两种民主政治的国际经济基础完全不一样，其造成的对外行为逻辑也不一样，前者对外部实施军事威胁和干涉，后者对外部实施和平共处。

四、民主政治的制度安排

（1）"一中有多"与"一分为多"

任何大国政治，都重视"一"，这是中美两个大国的共同点。中国共产党领导下的多党合作制是一中有多，美国的两党制是一分为二，三权分立是一分为三。不管如何，两国民主政治背后都有"一"，"一"是主，《尚书》中说"天生民有欲，无主乃乱"。中国的民主政治当家做主的是人民，美国民主政治当家做主的是大资本家。

"一"一定要能包容"多"，如此，"一"才能在不断更新中扩容、兼容和变容。"一"既要包容阴，也要包容阳，阴阳合在一起才有一个整体的"一"。"一"如果只包容一面，将另一面推出去，"一"也会不稳固。相当于一个等腰三角形，居顶端的是"一"，"一"必须居顶端，扮演公道和仲裁的角色，其他边是多。"一"是中，"一"允许争论，但是不能允许对立和分裂，扮演一言九鼎的角色，在对称对等中求统一。这是中国民主政治中讲的"一"。

美国的三权分立相当于一个不断变形的三角形，相互牵制，会有颠倒，有时总统很强势，有时国会占主导，有时司法很独断，形分神合，背后是资产阶级专政，不是人民民主专政。所以，其政治重视的是"多"中的制衡而不是仲裁，形成平衡就会有"一"，是对立中求统一。当然，制衡机制一旦失灵和失衡，就会出现现在的美国政府僵局和民主失灵现象。

（2）合与分

外人读美国民主政治教科书，最容易学到的一个字就是"分"，政党政治一分为二也好，行政立法司法一分为三也好，或者其联邦制下的分权也好，表面上确实是分。但美国民主政治中也有很强的集权和合的因素，这是其民主集中制的地方。"9·11"后美国的集权趋势就很明显。许多国家在借鉴美国政治时，由于没有看到其形分实合的一面，误以为分是其政治精髓，学了去实践最后导致国家分裂、政治对立、民众对抗的结果不胜其数，这是当今世界许多发展中国家的悲剧。

从合来讲，美国政治词汇用的是"共识"，中国政治词汇是"政治团结"，两者本义都是"合"。美国人说政治正确，目的在于统一思想认识。中国有人经常说人的思想怎么能统一呢？其实他没有看到美国统一思想的技巧一面，美国在统一思想、统一认识方面比中国有过之而无不及。美国的"一"不是谈出来的，而是建构出来的。如果求最大公约数，白人正在逐步成为少数。国内也有讲"共识"，但是关键是要共"中国制度"的识，而不是共别人制度的识，那种共识是在分裂。

从分来讲，美国民主政治中的制度表现为权力的分割，中国民主政治中的制度表现为权力的分工。美国民主失灵，与其权力分割有关。从中国社会主义制度本质来讲，在中国不存在有组织的利益集团，但是在美国，有组织的利益集团无所不在，国家权力因此被切割成一块块，相互制衡，容易形成僵局。资本主义政治经济学鼓吹央行独立、司法独立、军队独立、货币独立，看上去是独立，但最后的权力被谁收入囊中了？是大资本家！所以国家最后只能听资本家的操纵了。

（3）"一届接着一届干"与"一届隔着一届干"的政党制度

从政治市场角度看，美国的两党制实际上类似市场中的双头垄断现象。其政党政治看上去是分为两党制，但是其本质还是集中与共谋。美国的两党政治运作类似可口可乐与百事可乐、麦当劳和肯德基、波音和空客在市场中的双头垄断和价格联盟行为，但背后都是集中。政治的本质是集中，但集中的方式不一样。

两党政治下的治理特点是"一届隔着一届干"或者"一届对着一届干"。一般认为美国民主制或者民主的特点是多数决定，但是美国民主制度并非多数决定，许多情况下其实是少数独断决定，这也是其集权和专制的地方，不太为我们注意。大家知道国际货币基金组织中投票机制设计，很巧妙，美国是少数，但是它这个少数永远可以否决多数。这个我们要认识清楚。"一届隔着一届干"或者"一届对着一届干"，用福山的话说是相互否决体制。但福山说得其实不完整，两党经常是相互支持的，互投赞成票。相互支持是常态，相互否决是不正常，就如现在美国政治一样。所以美国政治现在出现危机。2013年美国政府关门就是个例子。所谓经常相互支持，以美国和平演变苏联为例，就不是一届对着一届干，而是一届接着一届干，不将苏联搞垮誓不罢休。

中国政党制度的特点和优势是一届接着一届干，可以避免"翻烧饼",集中精力持之以恒办大事办难事办急事。在竞争性的国际体系中,一个国家要保持竞争力,政党制度必须确保要有一届接着一届干的精神,这就是一党政治的优点。许多发展中国家盲目学西方的多党制,导致政治生活"一届隔着一届干",学的是折腾,最后是政治动荡和混乱,错失了许多发展机会。新中国 60 多年的发展奇迹,根本的奥秘其实在中国的政党制度。现在许多国家对中国奇迹中国模式感兴趣,中国的许多东西都好学,例如重视教育、成熟的官僚体系、试点等,但是唯独"一届接着一届干"的政党制度不好学,因为一些发展中国家盲目学西方政党制度,其制度已经被先入为主地定型了,很难再纠正。从治理绩效和能力看,按照中国政党制度的标准,多党制恰恰违背了治理常识,更不能视为就是民主政治的唯一标准。

五、"选"与"举":中美选举制度差异

中美两国都有自己的选举制度,有同有异。

理论上,美国许多非法移民还没有公民权,他们有点像现代社会中的奴隶。中国一些学者盲目炒作西方政治学中的"公民"概念,是因为未能理解西方的"国民"和"公民"概念史。在西方,之所以存在国民和公民的区别,是因为西方社会内部始终存在一个隐蔽的"殖民地"地带,也即不是所有的国民都能享受公民的政治权利的现象,例如美欧的海外领地、黑人和非法移民等。这个问题要是摆在国籍法的历史下看就会很清楚。英美的国籍法长期将国民分成三六九等,不是所有的国民都是公民,只有公民才享受完全的政治权利，所以频繁存在争取公民权的运动。

而新中国的国籍实践和《国籍法》，国民和公民的概念是互用的，根本不存在国民和公民的区别。国家是人民的，人民怎么还会分三六九等呢？怎么还有过去英国国籍法说的臣民呢？所以，中国民主政治的土壤与美英不一样。

由此观之，就选举而言，美国民主政治还没有在其所有国民中做到一人一票，不断存在扩容的压力，因为一些人只是国民而不是公民。这与西方的政治史有关，西方政治史中始终存在一个内外关系紧张，其政治史经常假设只有文明的西方人才配拥有政治权利。

同时，看美国的选举制度，要将选和举分开看。大家看到更多的是海选，或者媒体刻意为大家展示的热闹的海选，但"海选"只是表面，实质是"内举"，表现为提名制。

美国是个重精英的差序社会，美国也重视笼络和收买人才，这点必须承认。美国的选举给人感觉是全民持股，每个人都有投票权，人人都很重要，人人也都不很重要，真的在开董事会的时候，一个普通的小股民根本是没有能力左右董事会的。相反，分散的小股民却极容易被操纵。

选举关键在"举"，美国两党全国党代会推选出候选人是最关键，也是最容易被少数人操纵的，真正到后面全国性大选的时候，选民只能在两个中选一个了。美国投票率下降，体现了选民对这种选举程序的厌恶和疲劳。

此外，美国国家机构中很多关键岗位不是选出来的，老百姓根本沾不上边，而是直接举出来的，如关键的政务官、大法官、美联储主席等,都是背后妥协直接提名内举的。所以,美国的"举"有很大的封闭性。美国民主政治教科书和外人常以为美国政治系统很开放,其实那是表面,美国政治系统其实也有很封闭的一面,核心职位不对圈外人开放,常常是落后的家族制与世袭制。

中美两国的选举制度都有竞争性的特点。中国人理解的选举,是不论出身,将出类拔萃者层层选拔出来,担任合适的岗位,个中强调的是"竞德竞能","德"是为人民服务,"能"是有胜任岗位的能力;美国的选举强调"竞钱竞德竞能",钱不用说了,"德"是符合大资本家的统治,所以美国第一流私立大学培养的学生格外重视"德才兼备,以德为先"。

中国选举制度是在一个开放系统中选拔。中国官员任职有年龄限制,美国官员任职没有年龄限制,最近提名任命的驻华大使鲍卡斯,我一看他年龄,按照中国选举的开放标准,根本就没有机会再做大使了。年龄限制是个硬杠杠,保持了人才体系的活力和开放性,为他人提供了更大的空间。中国的选举制度与传统社会选贤任能的科举制有一定的连续性。所以,晚清时美国传教士丁韪良曾将中国科举制视为最民主的制度,并不为奇。丁韪良生活的时代,正是美国政党分肥最明目张胆的时期。

许多发展中国家只看到美国选举制度表面的选,学回去以后搞无序选举,最后导致社会政治动荡,也就是西式民主进口以后给当地带来灾难。西方对外的民主教科书把是否海选作为民主政治的重要标准,主观上也误导其他国家政治"精英"。中国大陆的聪明和智慧,恰恰在于看穿了西式民主选举制度的缺陷,坚决拒绝这种乱选。按照中国选举制度标准，那一套恰恰违背了治国理政的基本政治常识。

六、中美民主政治下的责任

（1）公道政府的责任与私道政府的责任自动豁免机制

人们一般认为美国是小政府大社会，其实这个说法是误读，美国也是大政府、强政府。这点从美国政府预算在国内生产总值中的比例就能看出来，这么大的开支怎么说它是小政府呢？美国政府广义上讲是一分为多，表面上看政府很小，但是隐蔽在后面的政府很大，经常是强势政府。

二战后随着美国对外扩张，政府权力之高大一直居高不下。但美国也是一个找不到人负责的国度，老百姓关键时候找不到当家的，两党政治轮流执政可以将责任推卸，官员辞职很频繁，扔下一个烂摊子走人。不仅在国内，在国外把一个小国搞乱了以后撒手走人的例子也很多。这是两党轮流执政导致的责任自动豁免机制。金融危机后人们找不到负责的人。美国枪击案事件中人们也找不到责任人，人们只能将矛头转移去怨枪支协会，老百姓有冤无处申。你可以说这是其政治设计巧妙的地方，但也可以说是其政治设计欺骗性的地方。

而在中国，有事找政府，虽然有时也会出现无人负责、互相推诿的现象，但不管怎样，政府为百姓解决问题的意愿和能力很强。美国政治学和公共管理中最近冒出一个词叫"回应性政府"，国内也借过来了。要说"回应性政府"，中国人认为这是政府的天职，是不言而喻的，用不着造这个词来概述政府，所以真正的回应性政府在中国。

因此，责任观的不同，导致政府和人民一个是"鱼水关系"，一个是"油水关系"。

"找政府""找公家"，是中国老百姓政治生活中的典型思维方式。这与中国政府是公道政府有关。中国一旦出现枪击案，老百姓首先埋怨执法不力，守土不尽责，政府迅速做出回应。美国不会怪警察，但会推卸给枪支协会。在中国，政府和人民是一家的。设想有一天，老百姓什么事都不找政府、不找公家了，那时的中国社会会是什么样呢？那时的老百姓会怎么样？至少我觉得那是冷冰冰的社会。

在中国，许多事情都是你中有我，我中有你，无法分开，也分不开。个人、社会、政党、国家紧密地纠缠在一起，是个命运共同体，用俗话说是"斩不断、理还乱"。这使得中国政府一直在想办法帮助老百姓解决问题。政府这种责任意识在于政府是人民的，政府和人民是一家的。而美国斩得断、理得清，所谓"是上帝的给上帝，是政府的给政府"，人民对政府也没有太多感情。

比如，卡特琳娜飓风来的时候，美国的官员却跑去度假了，这要在中国，绝对会被就地免职；而当奥巴马的医保法案在利益博弈中走向难产时，中国政府却持续在做访贫问苦、公共政策托底、社会救助、促进就业的工作——在中国，这不需要博弈，这是政府的天职，也是执政党的天职。

（2）追责制度与责任的隔代转移

美国当然也有追责制度。但在美国谈论责任追究时，经常会出现一种怪象：在你要责怪民主党的时候，执政的是共和党，在你责怪共和党的时候，执政的是民主党。美国的这种责任自动豁免或者隔代转移的制度设计很巧妙，也很具有欺骗性。但是它有一个致命的后果，就是代价向后代的累积。我们看其债务危机，实际上也是这个逻辑的结果。

有人说，美国政治设计中这么多巧妙的治理"智慧"为什么我们不学呢？我要反问的是，为什么我们要学呢？它的移花接木玩魔术似的欺骗性，我们是不是要学呢？我觉得不能学。中国自古以来的政治讲的是"正"和"公"两个字，政不正，政不公，很危险。我们的政治是人民的政治，学这些东西欺骗人民，偏离了共产党立党为公、执政为民的指导思想。而且中国老百姓都很聪明精明，一眼就能看穿美国政治设计的欺骗性："别和我来虚的。"设想一下，如果中国老百姓生活在美国的民主制度下，中国老百姓可能早就造这个制度的反了。

责任上的差异，也导致中美对腐败和反腐败理解的不同。如果一个社会的法律都规定卖淫贩毒合法化了，一个社会怎么可能有卖淫贩毒罪呢？腐败也一样，如果一些腐败行为合法了，怎么可能有腐败和反腐败呢？美国的"旋转门"政治和"内举"制度将腐败隐性地合法化了，许多腐败都符合法律程序。

七、民主政治下的科学决策

科学决策是任何民主制度都需要解决的问题，由此也产生好民主与坏民主。好的民主政治一是有能力和动力解决问题，这是"立"，二是有能力和动力发现问题，这是"预"。

中国民主政治下的决策表现为广泛听取不同意见，在协商包容中集中；在美国，执政者可以不听取也没有必要听取不同意见，只听不取的现象很多，两党政纲政策不一，使其更难包容异见，经常排斥异见。中国是在包容、扩容中求统一，美国是在对立对抗中求统一。两党政治的现实会将不同意见放大，并且通过放大不同意见来强化身份和阵营，只有走极端才能确立自己的身份。

这很容易强化社会对抗。美国两党在20世纪一度都在向中间政策靠拢，以克服对抗式决策的弊端，但现在对抗性现象又出现了，这就是当今美国的政治僵局，以致美国一些人开始讨论美国政治制度改革问题。对立思维或者两党制下的逻辑是最不能包容不同意见的，一党制下特别是公道政党和政府下更能够包容、相容、扩容。

迷信西式民主的人认为中国民主政治没有纠错机制，这也是误解。协商、信访、集体学习、巡视、调研、到群众中去等，都是保证中国民主政治下科学决策的制度性依据。有人将其概括为"中国式的纵向民主"。比较下来，倒是美国民主政治下的纠错机制经常失灵，美国政府和国会要纠华尔街的错就做不到。

八、民主政治与外交

国内民主政治制度的不同，导致中美两国外交逻辑的不同。西方有种理论认为西式民主制度不对外战争，这种理论连他们自己都越来越不信；还有种理论说美国民主制使其更遵守国际规则，中国民主制不遵守规则。这在逻辑和经验上都站不住脚。按照中国民主政治标准来比较，西式民主政治制度设计更容易导致对外专制性干涉和战争，中国的民主政治是和平发展的民主政治。这个问题怎么比较？其实看看核心指标"对外专制性干涉"就清楚了。

中国在其现代化道路中没有加害于人，美国在其现代化道路中加害于人的地方太多。从这个意义上说，中国崛起不会有来自外部的思想和精神负担，而美国衰落必定产生很大的来自外部世界的思想包袱。外交道路的不同，根子在国内民主制度的差异。

美国民主制度纵容对外干涉，这与其民主政治寄生的国际经济基础、选举制度、政治系统的封闭、二元对立思维、利益集团政治、责任豁免机制、私道政府等，存在千丝万缕的联系。美式民主政治更守国际规则吗？不妨看看小布什对国际法的态度，他有句名言："国际法？我得打电话叫下我的律师……我不知道你说的国际法是什么意思？"美国在外交中另起炉灶，破坏国际规则再立国际规则是出了名的。

而面对美国债务违约问题，美国有个有名的历史学家叫尼尔·弗古森，说自大萧条以来美国就一直没有违约过。不了解历史的人很容易被其蒙蔽了。其实，稍微熟悉国际经济史的人都应该知道，1971年美国停止各国用美元兑黄金的举措，本身就成为世界经济史上最大的违约和不守规则事件之一。

美国国内法中有个著名的"后法优先"原则，也即美国签署的任何国际条约都可以被美国后立的国内法所否决，尽管美国宪法规定国际法应该在国内自动适用。

让人诧异的是，不知从什么时候开始，媒体恶意炒作"中国不守规则论"，却没有去讲到底是谁在不守规则。美国民主政治在外交上的不民主和不遵守国际法，在这次克里米亚问题上被普京抓住了辫子，所以美国不敢拿国际法对俄罗斯说事，只能失语。

毛泽东同志说，"国际上的事情大家商量着办"；周恩来同志说过，中国人讲和平共处，不对外侵略和搞殖民，根子在于被国内制度限制住了；邓小平同志说，"中国人说话算话"；江泽民同志和胡锦涛同志在国际上反复倡导国际关系民主化；习近平同志在欧洲访问的时候说，中国人走和平发展道路，一个原因是我们在制度设计上也是这么做的。中国社会主义现代化道路没有加害别人，根本原因是中国民主政治制度的和平属性。所以对比两种民主政治不仅要在国内政治中比，也要在外交行为上比，这样优劣利弊会更清楚。

九、民主政治的希望和未来在中国

本节主要用生活中的政治语言比较了中国式民主政治与美国式民主政治。我认为比较的起点和标准，是不能在别人的政治话语体系下讲自己，而应努力做到在自己政治话语体系下，将别人转化过来讲别人；比较的方式是平等基础上既有察同，也有比异；比较的目的是为了让我们更清楚地看到自己民主政治道路的价值；比较更不是为了输出自己的民主政治，西方人把输出民主和干涉他国打扮成一种天定责任，而中国人历来将不干预视为一种政治美德，输出民主政治的事中国人不能干。

民主政治作为治国理政的方式和工具，人类古已有之。现代人讲民主，古代只追溯到古希腊，近代只追溯到欧美，是不确切的。"民主"这两个字只是个名词而已，就其内容而言，自有人类社会以来即有之。我们研究"人"这个问题时，不能因为这个人名字叫"山姆"或"约翰"，就说人的历史是从"山姆"或"约翰"开始的，或者"山姆"和"约翰"就是"人"的唯一样本。人类几大核心文明圈，早期的时候都有对民主政治的求索，这些民主资源构成了第一代民主，即多样多元的民主求索道路。资本主义民主理论充其量也只是第二代民主，这代民主虽非一无是处，但现在问题不小，它在内部出现失灵，对外推销的时候出现滞销，同时一些国家不信它的邪，坚持走自己的民主政治道路，对其进行反倾销，将其从普世的祭祀神坛上硬推了下来。今天的世界无论是各国国内治理还是全球治理，都需要探索一种新型民主理论，可以称之为第三代民主政治理论。

世界上认认真真在搞真民主政治的国家不多，中国算一个。许多国家对西式民主已经失望了，美国民主政治本身也正在变得没有理想，除非进行政治改革。而中国人对自己的民主道路求索充满着理想、干劲和希望，并收获着成果。为发展和升级民主政治，让民主政治回归社会主义的本质，中国可谓一代代人在接力奋斗，此一努力也让人看到民主政治理论的曙光。

第七节　不断推进社会主义协商民主

习近平总书记在庆祝中国人民政治协商会议成立65周年大会上的讲话指出："社会主义协商民主，是中国社会主义民主政治的特有形式和独特优势，是中国共产党的群众路线在政治领域的重要体现。"这一重大判断，深化了我们党对社会主义协商民主的认识，丰富了中国特色社会主义民主政治理论体系，为在新的历史条件下不断推进社会主义协商民主提供了基本遵循。

一、协商民主是中国社会主义民主政治的特有形式

协商民主是在中国共产党领导下，人民内部各方面围绕改革发展稳定重大问题和涉及群众切身利益的实际问题，在决策之前和决策实施之中开展广泛协商，努力形成共识的重要民主形式。协商民主是中国社会主义民主政治的特有形式和独特优势。

协商民主植根于中华大地。一个国家行之有据、行之有效、行之有恒的制度，总是扎根于深厚的国风民情土壤之中。协商民主，是人民民主的重要实现途径，是由中国共产党人和中国人民在对中国传统优秀政治资源进行创造性转化和对马克思主义民主政治理论进行创新性发展基础上所创造出来的。习近平总书记在庆祝中国人民政治协商会议成立65周年大会上，全面阐述了中国协商民主扎根于中国本土的五个政治资源，他指出："协商民主是中国社会主义民主政治中独特的、独有的、独到的民主形式，它源自中华民族长期形成的天下为公、兼容并蓄、求同存异等优秀政治文化，源自

近代以后中国政治发展的现实进程,源自中国共产党领导人民进行革命、建设、改革的长期实践,源自新中国成立后各党派、各团体、各民族、各阶层、各界人士在政治制度上共同实现的伟大创造,源自改革开放以来中国在政治体制上的不断创新,具有深厚的文化基础、理论基础、实践基础、制度基础。"

协商民主与选举民主相互补充。谈到民主,有些人往往只讲选举民主,不讲协商民主。选举民主当然是一种重要的民主形式,但不是唯一的民主形式,事实上在国家治理上搞得好的国家,没有一个是单纯依靠选举民主的。仅有选举民主而没有协商民主,民主往往会流于形式。"履不必同,期于适足;治不必同,期于利民。"各个国家在治国理政中,实现民主的形式是丰富多样的,不能拘泥于一种刻板的模式,更不能认为只有选举民主这一种民主形式。习近平总书记深刻地指出:"人民是否享有民主权利,要看人民是否在选举时有投票的权利,也要看人民在日常政治生活中是否有持续参与的权利;要看人民有没有进行民主选举的权利,也要看人民有没有进行民主决策、民主管理、民主监督的权利。社会主义民主不仅需要完整的制度程序,而且需要完整的参与实践。人民当家做主必须具体地、现实地体现到中国共产党执政和国家治理上来,具体地、现实地体现到中国共产党和国家机关各个方面、各个层级的工作上来,具体地、现实地体现到人民对自身利益的实现和发展上来。"人民通过选举、投票行使权利和人民内部各方面在重大决策之前进行协商,尽可能就共同性问题取得一致意见,是中国社会主义民主的两种重要形式。协商民主可以弥补选举民主的不足,它将协商、参与的权利全面贯彻到决策前后、管理层级、监督过程之中，有效减少了票选政治重投票轻过程的弊端。

中国政府的"性格"就是协商和商量。在中国社会主义制度下，有事好商量，众人的事情由众人商量，找到全社会意愿和要求的最大公约数，是人民民主的真谛。毛泽东同志说过，"国家各方面的关系都要协商""我们政府的性格，你们也都摸熟了，是跟人民商量办事的""可以叫它是个商量政府"。习近平总书记指出，"涉及人民利益的事情，要在人民内部商量好怎么办，不商量或者商量不够，要想把事情办成办好是很难的。我们要坚持有事多商量，遇事多商量，做事多商量，商量得越多越深入越好"。在人民内部各方面广泛商量的过程，就是发扬民主、集思广益的过程，就是统一思想、凝聚共识的过程，就是科学决策、民主决策的过程，就是实现人民当家做主的过程。这样做起来，国家治理和社会治理才能具有深厚基础，才能凝聚起强大力量。

二、社会主义协商民主理论是人类政治文明发展的最新成果

习近平总书记指出："中国共产党人和中国人民完全有信心为人类对更好社会制度的探索提供中国方案。"协商民主作为中国制度体系的重要组成部分，和中国制度体系一起共同反映了新中国为人类政治文明所做出的开创性贡献，也在世界上把中国社会主义民主政治理论推到一个新的高度。

协商民主在国际比较中彰显了中国特色社会主义民主的制度优势。当今世界，许多欠发达国家和发展中国家政治生态的显著特点

之一，就是频繁出现政治极化、政党对立、社会分裂、民族分离、宗教对抗等现象，严重困扰着这些国家的治理体系和治理能力建设。与此形成鲜明对比的是，中国特色社会主义制度无论在国际横向比较还是人类政治纵向发展中，都展现出独特的优势，其中协商民主因为能克服上述弊端，深化了人们对人类政治文明发展方向的认识。在协商民主中，协商于决策之前和决策之中，既尊重多数人的意愿，又照顾少数人的合理要求，使这种广泛商量的过程，成为实现人民当家做主的过程。正如习近平总书记所指出的，"在中国共产党统一领导下，通过多种形式的协商，广泛听取意见和建议，广泛接受批评和监督，可以广泛达成决策和工作的最大共识"。随着协商民主制度的进一步丰富、发展和完善，以协商民主为重要内容的中国特色社会主义民主政治在民主制度的国际比较中，愈加彰显了我们的特色和优势。

协商民主为国际政治文明发展提供了新方向。协商民主既是中国特色社会主义民主的重要实现形式，也是中国为推动国际政治文明发展、构建以合作共赢为核心的新型国际关系贡献的中国智慧、中国方案。中国政府一贯主张，国际上的事情由各国商量着办。习近平总书记多次指出，现在，世界上的事情越来越需要各国共同商量着办；应该由各国政府和人民共同商量来办。当前，国际关系正在发生带有新的历史特点的深刻变化，如何建设以合作共赢为核心的新型国际关系，推动构建人类命运共同体，成为国际社会共同关注的问题。在国际事务的处理上，中国坚持国家不分大小、强弱、贫富，都是国际社会的平等成员，凡事"商量着办"，这是互谅互商的协商民主精神的真实写照。世界上许多热点难点问题,动辄以武力和制裁方式处理,不是各国和谐共处之道,也无法真正解决问题。因此,世界各国要弘扬共商、共建、共享的理念。中国是这么说的,也是这么做的,比如共商已经成为"一带一路"倡议的核心理念之一。

三、不断推进社会主义协商民主广泛多层制度化发展

习近平总书记指出:"我们要切实落实推进协商民主广泛多层制度化发展这一战略任务。""社会主义协商民主,应该是实实在在的、而不是做样子的,应该是全方位的、而不是局限在某个方面的,应该是全国上上下下都要做的、而不是局限在某一级的。"推进社会主义协商民主,关键在于推进社会主义协商民主广泛多层制度化发展。

推进社会主义协商民主广泛多层制度化发展,就要始终坚持党对协商民主建设的领导。党的领导是中国特色社会主义最本质的特征,推进社会主义协商民主,必须始终坚持、不断加强党的领导。要充分发挥党总揽全局、协调各方的领导核心作用,建立健全党领导协商民主建设的工作制度,建立党委统一领导、各方分工负责、公众积极参与的领导体制和工作机制,确保协商民主建设沿着正确方向有序高效地开展。

推进社会主义协商民主广泛多层制度化发展,就要用好党的群众路线这一重要法宝。党的群众路线和社会主义协商民主都是中国共产党的独特创造,两者之间存在着密切的有机联系,党的群众路

线是社会主义协商民主的灵魂,协商民主是党的群众路线的机制保障和制度化体现,从制度上保障党的群众路线落地生根。群众路线是中国共产党在革命、建设、改革各阶段的制胜法宝,中国共产党发扬群众路线的优良传统,在民主政治的实践中创立了政府信息公开制度、听证制度、民主恳谈制度、信访制度、领导接待日制度以及网络民意调查制度等;在基层自治领域形成了村民会议、村民代表会议、居民会议、居民议事会、社区论坛、集体协商制度和劳动恳谈制度等,将协商民主由国家层面推进到社会层面。

推进社会主义协商民主广泛多层制度化发展,就要构建程序合理、环节完整的社会主义协商民主体系。要继续加强政党协商,积极开展人大协商,扎实推进政府协商,进一步完善政协协商,认真做好人民团体协商,稳步推进基层协商。2015年,中共中央印发《关于加强社会主义协商民主建设的意见》,就以上层次的协商民主建设提出具体的指导意见和工作部署,成为指导社会主义协商民主建设的纲领性文件。在政党协商层面,要积极探索规范政党协商形式,完善民主党派中央直接向中共中央提出建议制度,加强政党协商保障机制建设;在人大协商方面,深入开展立法工作中的协商和人大代表在履职过程中的协商;在政府协商上,探索公布协商事项目录,增强政府协商的广泛性,完善政府协商机制;努力提高人民政协协商民主制度化、规范化、程序化水平;围绕新形势下党的群众工作,完善人民团体参与各渠道协商的工作机制,组织引导群众开展协商;在基层涉及人民群众利益问题领域,探索和推进社会组织协商及乡镇、街道、行政村、社区、企事业单位协商,等等。

推进社会主义协商民主广泛多层制度化发展,就要积极探索创新,让人民群众感受到社会主义民主政治的真实性和具体性。要通过各种途径、各种渠道、各种方式进行广泛协商,建立健全提案、会议、座谈、论证、听证、公示、评估、民意调查等多种协商形式,切实做到涉及全国各族人民利益的事情,在全体人民和全社会中广泛商量;涉及一个地方人民群众利益的事情,在这个地方的人民群众中广泛商量;涉及一部分群众利益、特定群众利益的事情,在这部分群众中广泛商量;涉及基层群众利益的事情,在基层群众中广泛商量。

第四章　大国治理的中国方案

第一节　让世界了解中国制度

中国正在探索并实践一条史无先例的和平发展道路,与这条道路自洽的制度体系也在渐进而成,并已成为人类政治文明的重要组成部分。新中国成立 60 多年来,在中国共产党领导下,中国确立了中国特色社会主义制度,包括人民代表大会制度的根本政治制度、中国共产党领导的多党合作与政治协商制度的基本政治制度以及公有制为主体、多种所有制经济共同发展的中国特色社会主义基本经济制度,等等。

但是,对于中国特色社会主义制度体系,不要说国外老百姓不太了解,即便是我接触的许多专门研究中国政治和外交的国外学者也不甚了了。西方主流媒体向来认为它们的制度才是全世界最好的,当然不会对其老百姓来讲中国制度;西方的主流社会科学也是有强烈价值导向的,根深蒂固地要将中国纳入它们的概念体系来解释,成为被其解释的对象。因此,不管在我们的公共外交还是人文交流中,很有必要主动自觉地将中国特色社会主义制度作为一个重点,理直气壮地对外进行宣讲,敢于对外界讲解中国的制度。

首先,要将中国特色社会主义制度写进供留学生使用的政治教材中,让外国人学会用中国的制度概念来研究中国政治和外交,而不是简单套用三权分立、竞争性政党制度、选举制度、私有产权制度等西方制度运行逻辑来研究中国政治与外交。我所碰见的一些外国学生和学者也希望有这样的中国制度教材体系帮助他们从中国本身出发来了解和研究中国。在对外交流中，将这类教材翻译成外文固然有必要，但更重要的是要与国家的汉语语言战略结合起来，用凝练、准确、通俗的汉语来撰写，对国外研究中国问题的学人起到语言学习和知识习得两全的效果。

第二，国际学术交流中要敢于讲自己制度的特点、优点甚至制度的比较优势。例如，中国经济的成功有很多因素，但中国制度的比较优势功不可没。现在有的经济学观点将改革开放以来的经济成果完全归结为"自由市场经济"，而忽视中国的政治制度因素，这是片面的；也有观点将发展中由于机制不善导致的问题上升为制度问题，对诸如此类偷梁换柱的叙事方式，在中外学术交流中是要做辨别的。

第三，公共外交中要学会将抽象的中国制度融化到小故事中，介绍给外国听众。例如，《国家中长期教育改革和发展规划纲要》就是科学民主决策的范例，其制定经过了调查研究、起草论证、公开征求意见、审议完善四个阶段，据统计，纲要自启动到正式颁布，先后在境内外召开不同层面、不同类型的座谈会和研讨会1800余次，直接参与调研、座谈、讨论的海内外专家和各方人士有3.5万余人次。在文本面向社会征求意见期间，起草组先后召开各类会议近300次，进行了40多轮大的修改，前后修改400多处，社会各界提出460多万条建议。这是科学民主决策的生动体现。类似的中国民主的细节很多，值得用心整理，对外宣传。

中国特色社会主义制度是相互衔接、相互联系、独立自洽的制度体系。21世纪是多样文明共同发展、交相辉映的世纪,各种文明都在探寻自身面临的复杂问题和人类面临的共同问题的解决之道。中国的制度也在处理这类问题中不断自我改进和完善,作为人类如此庞大人口群体政治实践的结晶,中国的制度值得让世界上更多的人去了解和理解。

第二节　为多极世界谋规则

大国需要在新型国际关系建构上起表率作用，首先应当带头放弃冷战思维，广集民智，汲取历史中正反两方面的经验，致力于探索新型大国关系管理模式，推动并推进世界从不和谐向和谐发展。

多极化是20世纪70年代国际关系发展的一个趋势，多样性是人类文明格局的基本形态。中国是国际关系多极化的倡导者、支持者和推进者。40多年来，在包括中国在内的许多国家和国际组织共同推动下，多极化进程经历了"在曲折中发展""加速发展""日趋明朗"的发展阶段。多极化世界虽未定型，但是，如何为即将定型的多极世界探寻规范和规则，为多极世界提供必要的稳定机制，已经成为摆在世界面前的一个突出议题，也是中国参与多极世界塑造必须在理论上有所准备的一个迫切问题。

历史上的一个反面经验至少使这个问题变得极为重要，那就是，历史上超过五个单位的多极世界，最后几乎都宿命式地向对抗性的两极演变，有时甚至酿成惨烈的世界大战。因此，今日形成中的多极世界是否受历史逻辑的支配，抑或我们要在智力上有所突破，避免旧历史逻辑的限制，奋力走出一条新历史道路出来，这着实考验着人类的智慧。

一、现有理论的解释

目前讨论单极世界和多极世界的理论资源主要有以下几种。霸权稳定论认为单极世界更稳定，多极世界更不稳定，不平衡的多极世界最不稳定。这套理论是为美国霸权服务的,其追求意识形态的普世性、国际事务裁判的专断性、霸权充当世界警察收取稳定租金的正当性。欧洲的地区国际关系长期呈现多极的特点,难有一个国家可以完全支配欧洲事务,因此,欧洲的理论集中从均势和制衡角度,探讨多极世界的稳定机制。实际上,均势和制衡并没有为欧洲带来和平,即便是欧洲经常引以为豪的"百年和平"(指拿破仑战争后的 1814 年到 1914 年第一次世界大战爆发的一百年和平)时期,战争和杀戮仍然不绝于欧洲政治。而且,欧洲的多极力量最后几乎都宿命式地向对抗性的两极发展,并演变为惨烈的世界大战,这个教训是需要今人吸取的。新近流行的权力转移理论,认为崛起中的国家与衰落中的国家很难避免冲突,并以此来预示中美关系走向。总体上,主流的西方理论并没有为世界探讨出一个可以和平发展的多极世界稳定理论。进入 21 世纪以来,中国提出和平发展理论,2011 年以来,中国还进一步提出新型大国关系概念,用以指导并试图探索出一条中国与诸大国关系和平发展的道路。

中小国家在多极世界的思考上也不乏智慧,在大国关系之外寻求不结盟运动,就是中小国家的努力之一。

二、历史的经验

大致看来,历史上关于多极世界稳定机制的探索有以下几种。第一,均势制衡。早期的欧洲思想家将国与国互动类比为自由市场运行,认为国家间关系中同样存在一只看不见的手,这只"看不见的手"就是均势制衡,它可以像自由市场经济运行原理一样,自动调节国家间关系，使国家间关系达到稳定和平衡状态。第二，大国协调。前提是大国之间存在共同利益以及默契，涉及任一大国利益的事务必须经过大国协商来解决，改变大国平衡格局的任何行为都应受到抑制，任何国家的侵略行为都应受到其他所有国家的反制。大国协调除了表现在19世纪上半期欧洲国际关系中以外，还体现在国联和联合国的集体安全制度设计思想中。第三，一体化或大一统。欧洲人在历经多次大战以后，决定以一体化方式解决欧洲多极政治存在的风险。其与两千多年前中国以大一统来结束列国争霸政治的方式虽殊途，但目标却有同归之处。第四，相互否决机制。以历史上各种两大阵营对抗为表现形式，例如19世纪晚期逐步酝酿出的协约国与同盟国集团，20世纪二三十年代分化出的盟国与轴心国，以及冷战时期联合国安理会内美苏的相互否决现象。

三、"罗尔斯规则"还是"费孝通规则"

一个多极和多样世界的交往规则是什么？我概括了两种交往规则，一是"罗尔斯规则"，另外一个是"费孝通规则"。多样、多极世界要形成良好的对话和沟通，需要逐步超越"罗尔斯规则"。

什么是"罗尔斯规则"呢？简单说，就是"自由世界"有权依据自己的评判标准合理正当地干涉所谓"非自由世界"内政。暂且不论有关"自由世界"与"非自由世界"的划分标准是否站得住脚，这种高尚的理论在实践中成为许多弱小国家的墓志铭，为人诟病不少，其派生或相互配合的普世价值论、民主输出论、民主和平论、历史终结论、保护的责任等，在实践中导致无数对外专制性干涉行为，造成了严重的"干涉后人道主义灾难"，这一点已经在南斯拉夫、科索沃并正在利比亚、叙利亚等地轮番上演着。在一个多极世界中，这种罗尔斯式的二元对立思维一旦占据支配地位，只会将一个多极世界引向历史上对抗性的两极政治中，危害世界和平。遗憾的是，这种危险性和危害性并不完全为各国知识界和决策界所清醒地认识。弱小国家在霸权专制和压制下噤若寒蝉，而形成中的多极世界中的关键力量，若为世界和平发展所谋虑，则需要达成超越罗尔斯规则的共识。

共识的一个可能聚焦点，是对"费孝通规则"的理解上。费孝通提出的多样多元文明共存的十六个字，也即"各美其美，美人之美，美美与共，天下大同"，是多样文明世界的共生之道和多极世界的共处之道。多样性意味着差异，大国及各国要探寻一种在差异中的相处之道，从不和谐走向和谐，尊重差异、尊重他者之类的共同价值观就很重要。欧美的一些后现代主义理论以及跨文化沟通理论，不乏与"费孝通规则"相契合的地方，所以"费孝通规则"并非只是中国特色，其内在含义也与文明发展的需求是一致的。"费孝通规则"要成为新型国际关系的支配准则并非易事，这套国际关系道德准则要真正有效，还需要大国尽快行动起来，将这套准则通过教育内化到各国的国民教育体系中，形成真正有力的道德自律。尤其重要的是，全球媒体报道更需要摒弃讨伐式的"罗尔斯规则"，在互相尊重和欣赏的"费孝通规则"上形成报道的价值共识。

四、选举民主制度存在局限

与多极世界国际关系中国家的行为道德有关的第二个问题，是在他我关系的处理上。在利害问题上，有四类他我关系的处理方式：一是损人不利己；二是损人利己，例如以邻为壑的贸易政策、新旧殖民主义等；三是利己不损人，英国的埃德蒙·柏克曾经掷地有声地说："只要对自己有利而又不伤害他人，这个就可以大胆地去做！"这种个人自由观念从孤立的个体意义上并非没有道理，但是这种个体行动一旦置于群体之中，后果很难预料。斯密以来的西方政治经济哲学，基本上建立在这个假设基础上，但其未能料及的一个结果，就是人们经常困惑的理性的个体行动总和导致非理性的集体后果现象。现代社会的许多问题，与其不无关系。个人也好，国家也好，行动一旦完全为此所支配，难免会出现孔子所说的"民免而无耻"现象。

因此，很有必要将克制和节制的美德引入国际关系中，这就是第四种他我关系处理方式，不妨以惠己耘人称之。惠己耘人的行为道德并非高不可及，经济生活中越来越受人们鼓励的社会责任企业，实际上是在弱化赢者通吃的企业规则，探索平等互利的经济生活。在国际关系中，惠己耘人的国家行为道德的养成，一依赖于相互监督、平等互利的国际制度，二仰仗于国内制度的改造，将他律、自律、互律机制嵌入国内制度。之所以强调国内制度改造，是因为建立在领土基础上的选举民主制度，在全球化时代已经陷入一个困境，也即这种制度经常以损人利己并且是所谓"合法"的方式，纵容着对外转嫁危机和压力行为,从而让其他国家民众承担本国国内成本。因此,从国与国关系层面上说,或者从内外政治统筹的角度看,流行的选举民主制度还不是建构惠己耘人的和谐国际关系的最好国内制度,因为这种制度将对内的责任与对外的不负责任分离开来,极易并且经常制造着国家间纷争。一个实行选举民主制度的国家在涉及他国利害的公共政策辩论时,由于他国被排除在政治系统之外不能进行合理的权益维护,从而经常导致弱国为强国所宰割的现象,这不能不说是封闭的选举民主制度的致命缺陷所在。总的来看,西方流行的民主理论在这方面并没有形成重大学理突破,仍然停留在传统民主理论层次,这是惠己耘人的国际关系难以确立的国内制度根源之一。现在是各国学者从国际秩序和全球治理意义上,用力反思以西式民主理论为代表的第一代民主理论的时候了。

五、探索新型大国关系相处之道

人类现在处于历史选择的一个关口,站在两条道路的抉择点上,一条是和平发展、和平共处、和谐共生的道路,一条是帝国主义、霸权主义、新殖民主义、强权政治的道路。世界政治有可能退回到旧国际政治的无序混乱中,也有可能迈向新型国际关系的有序发展道路上。

新的多极世界一定是多样文明相互学习、相互进取的时代。各国的事情由各国人民做主,各国之间的事情由各国商量着办,全球性的事情由各国团结协作来办,应当逐步成为国际关系基本议事和行事准则。其中,大国需要在新型国际关系建构上起表率作用,首先应当带头放弃冷战思维，广集民智，汲取历史中正反两方面的经验，致力于探索新型大国关系管理模式，推动并推进世界从不和谐向和谐发展。

第三节　中国与国际体系：寻求包容性的合作关系

一、中国与国际体系互动的启示

中国与国际体系的互动是 1978 年以来中国内政外交展开的一个重要轴心。对这一互动进程的方式和结果，国内外存在各种不同的看法和观点，概括起来，有这样六种。第一种观点是崩溃论，认为中国与国际体系的互动（特别是加入世界贸易组织后）会对中国国内意识形态安全、政治制度、经济体制、社会结构产生侵蚀性效应，最终导致中国的崩溃；第二种观点是威胁论，认为中国一旦挟自身庞大的规模进入国际体系，将会从根本上改变国际体系中既有的运行规则和规范（也即国际制度），对国际体系产生破坏性影响；第三种观点是以融促变论，主张通过将中国纳入国际体系和国际制度，逐步促进中国走西方式民主化道路；第四种观点是脱钩论，认为参与国际体系使中国越来越受制于外部力量而失去独立性，国内强大的民族主义压力会迫使中国选择退出国际体系，重新回到封闭状态；第五种观点是相互变进论，认为对国际体系的参与有助于中国国内的改革和进步，而中国坚持独立自主和平发展道路的模式本身，也会以自身进步的经验促进国际体系发生创造性变革；第六种观点与第五种观点相似，即和平发展论，强调中国走和平发展的道路，维持与国际体系的合作性关系符合中国与世界的共同利益。

上述观点各有支持，其中前四种观点随着中国与国际体系关系在不同阶段的变化而时有起伏，均产生一定范围的影响，但都不能完全、准确刻画中国与国际体系关系的全貌。总体上看，在过去的30多年中，中国作为一个崛起中的大国，始终致力于并维持了与国际体系的包容性合作关系，这一进程尽管偶有波折，但合作是中国与国际体系关系的主流。

为什么中国在过去30多年参与国际体系的进程中，没有出现前四种观点所预测的结果，而是维持了与国际体系的合作关系？有四个因素很重要，这四个因素既有国内的，也有国际的，有制度的，也有观念的。第一，中国坚定不移地执行对内改革对外开放的政策，中国国内在改革开放上存在高度的共识，在参与国际体系的认识和实践上，维护自由贸易反对保护贸易，接受合理国际制度的约束而不是在国内政治中予以抵制，承认国际社会广泛的共同利益而非仅仅强调国家利益，支持对市场必要的国际国内监管，反对市场凌驾在任何力量之上，重视协商谈判而不是武力至上，强调文明对话而不是夸大文明冲突。第二，20世纪80年代以来的全球化与市场经济的扩展，与中国社会主义市场经济体制的建设具有契合性，两者的配合为中国与国际体系的交往提供了利益和市场基础。当然，两者之间的差异也可能为中国与国际体系的关系带来不确定性，对此后文再做阐述。第三，主要国家的国内政治与国际体系维持合作而非对抗的关系，各国对多边主义、互惠、开放贸易方面的国际制度的共识大于分歧；全球化为各国创造的共同收益机会，抑制了各国内部的保护主义力量，促进各国国内政治给予开放国际体系以支持。第四，全球性问题的紧迫性上升，人类共同利益感加强。需要各国集体行动才能解决的全球性问题在各国政治议程中相对上升，使意识形态和政治制度不同的国家可以撇开国内政治分歧，在国际层面协调行动。

这四个因素虽不是全部，但却是维持20世纪70年代末以来国际合作以及中国与国际体系包容性合作关系的重要因素。以上四个因素至关重要的共同点，是国内政治与国际体系保持合作而非对抗状态。不是所有大国的国内政治都能与国际体系保持合作状态，也不是在全球经济中影响力最大的国家其国内政治与国际体系的关系就一定是合作性关系，两者是否合作可以通过许多指标反映出来，包括：国内法与国际法产生冲突时，是否更倾向于接受国际法的约束；合理国际制度在国内的批准和执行程度；对外贸易和投资的相互依赖高低；国内市场的进入难易和开放程度；对非同质文明和意识形态是否宽容和尊重；是否存在自我约束机制，评估国内公共政策的国际负效应等。

中国与国际体系的互动，对中国的国家发展和国际体系演变带来了历史性的影响。概括起来，这些影响有：第一，中国的发展利益与国际社会的利益相互包容，不可分离。尤其是中国海外利益的延伸和扩大，促使中国的内外政治前所未有地结合在一起，中国的问题史无前例地需要放在内外政治统筹的背景下去思考，内外政治的高度协调，使"脱钩论"既无现实基础，可能性也微乎其微。第二，在认识层面，与国际体系的良好互动，还带来中国的世界意识的复苏，即从传统比较局促的地域意识，向宽广的世界意识转换。世界意识与传统的天下意识是有区别的。过去的世界意识是朴素的天下意识，在时间和地理上都存在很大的局限性，导致"天下之大只有中国"的狭隘意识；今天的世界意识则是在更大的地理空间和时间维度上思考中国与世界的前途，从过去朴素的天下意识，从当前的民族复兴意识，创造性地向更为开放和包容的世界意识转化。有了宽广的世界意识制高点，中国的内政外交才具备在更大格局下展开的可能。第三，中国的工业化和现代化道路没有采取对外扩张和殖民掠夺的方式进行，这在500年人类现代化史上是个奇迹，没有文化的和平属性和社会主义制度自我约束的优点，是解释不了这一和平进程的。第四，中国在参与国际体系进程中，并不谋求主导国际体系，也不试图打破国际体系，中国本身是以和平方式，从体系外国家转变为体系内国家，从国际体系的参与者转变为国际体系改革的贡献者。中国通过更为主动、也更为进取的态度，发挥自己在国际体系建制、改制、转制过程中的作用。第五，中国模式构成人类现代政治文明的组成部分，其中所蕴含的发展经验和制度文明，为国际体系中新兴国家和后进国家的现代化道路提供了新的参考。

二、转型期国际体系面临的问题

在过去30多年中，国际体系以及中国与国际体系的关系经受过一些事件的考验，包括苏联解体，中国在1989年发生的政治风波，美国在2001年发生的"9·11"事件，欧盟内部一体化和反一体化力量的此消彼长，南北问题特别是不发达国家的国家能力建设不足导致频繁的国家失败现象，尤其是2008年金融危机以来，国际政治生态出现了一些微妙的变化，这些变化在我们思考未来十年或者更长时间中国与国际体系的关系时，值得注意。

第一，保护主义以及带有内向倾向的观念力量在一些国家的国内政治中有所上升，全球化与反全球化、一体化与反一体化、自由贸易与保护主义、国际主义与民族主义力量之间的对立有所强化，短期来看，没有任何一方力量可以占据绝对优势，但后面一类力量的活跃增加了国际体系走向内向和封闭的可能。与金融危机之前相比，支持开放国际体系的国内力量在许多国家受到削弱。趋于内向的政治力量在一些国家表现为活跃的政治保守主义、日益抬头的贸易保护主义、自我中心的问题解决思维、对来自新兴国家竞争能力的担心和警惕、对多边合作和国际组织的抵触以及信任的降低。受制于国内议题的压力，尤其是发达国家比较普遍的政府财政危机，各国在国际层面采取集体行动的意愿下降，解决全球性问题的动力有所削弱。从世界政治经验来看，走向封闭的国内政治无助于全球问题的解决，不利于国际合作的开展。在国际体系中发挥重要稳定作用的大国，更需要将内外政治统筹起来考虑政策制定，而不能完全从自我立场出发寻找全球公共问题的解决之道，以避免国际体系走向封闭。

第二，建立在物欲扩张和利润最大化基础上的资本主义市场经济制度（尤其是英美市场经济模式）受到批判和质疑。国际监管和国内监管的呼声上升，脱离国际和国内监管的市场再次被证明会危害国际和国内秩序。另外，在危机状态下，监管型政府成为比较普遍的国内选择。国际社会长期忽视对跨国公司、国际垄断企业、跨国金融资本的监管，过快的全球化与必要的监管力量之间出现不平衡。国际体系在形成配套的国际制度对跨国资本和跨国企业进行有效的监管方面，存在明显缺陷。金融危机以来，更为强调社会责任的社会型企业（social enterprise）模式开始受到鼓励。人们对监管达成共识，对社会型企业的发展前景寄予期望，但是这种诉求遭到那些建立在财团力量基础上的国内政治制度的强有力抵抗。

财团—军事—政治权力相结合的国内制度，是国际体系和国际秩序的威胁。国家权力控制在财团手中的政治制度，其扩张性要远远甚于财团力量驯服在国家权力下的政治制度。对一些具有世界性影响的国家来说，其政府的国际责任与国内责任严重失衡，而在国际体系内，则缺少必要的国际制度对政府公共政策域外负效应进行评估、干预和监管。三权分立制度暴露出在国际交往中责任的推诿现象，政府的国际政策变得难以捉摸、不清晰、不确定，是全球集体行动低效的国内根源之一。许多国家内部改革由于坚固的利益集团阻碍，几乎寸步难行，创新和进步力量受制于社会僵局，这种局面既削弱了国际协调和集体行动的国内支持基础，也降低了国际集体决策在国内执行的效率。

华盛顿共识暴露出贪婪的、不受节制的资本力量对国内秩序和国际体系产生的破坏性影响，建立在私有财产竞争观念基础上的模式，是不可持续的人类秩序模式。随着市场至上主义意识形态的减弱，世界思潮出现更为多元多样多变的特点，发展中国家在发展模式上出现更多的选择，识字率的提高和信息的扩散，带来发展中国家文化自觉、自主意识的增强，"去西方意识形态"的社会思潮影响力在扩大。中国模式在政治、经济、社会、对外关系方面的制度文明，越来越受到国际社会的重视。西方对中国未来成长担心的不只是物质力量的积累，更深层的是中国成功背后的制度和文化，可能对过去几百年来西方组织国际秩序的价值信条以及由此衍生的软实力所产生的挑战。

第三，在国际体系内，中国开放的社会主义市场经济与一些国家内部保护主义力量之间的摩擦，中国以公有制为基础的强大的国有企业的海外经营，与西方以私有制为基础、但与国家权力紧密结合在一起的跨国企业之间的磨合，变得敏感。

市场经济制度是人类经济生活的基本组织原则。按照市场原理来组织经济生活，在近代资产阶级革命之前不同的文明区域内，都曾盛行。现代西方经济学教科书一直将市场经济与私有财产权紧紧拴在一起，认为没有私有财产权就没有市场经济，甚至没有私有财产权就没有经济增长，其实，两者的结合只是资产阶级革命以后的事，例如，在东方社会的漫长历史中，市场经济与公有财产观念长期并存。资产阶级革命在内外政治领域产生了两大结果，一是内部确立私有财产权神圣不可侵犯的原则，二是确立暴力垄断机构民族国家，用以在内外政治中保护私有财产权。在主张私有财产权至上原则的民族国家内部或者它们之间形成的"国际体系"中，法律——广义的国内制度和国际制度——的重要功能之一是保护私有财产权。所以，私有财产权与市场经济制度联系起来只是近代资产阶级革命以后才流行起来的。此制度安排对近代国际体系产生了一个重大影响，也就是财产私有造成的彼我对立、竞争和冲突，广泛出现在人与人之间、人与政府之间，以及政府与政府之间。有一种观点认为，以私有财产权为基础的市场经济体制之间会自然产生国际和平，这就是冷战结束后紧随"民主和平论"而流行的"市场经济和平论"思潮，这种观点在经验和逻辑上至今都找不到最有力的证据，尽管斯密以后的绝大部分西方经济学流派一直致力于论证这个观点。

在世界政治和国内政治中，中国接受市场经济一些普遍的原则，但是中国的市场经济是公有制为主体、多种所有制混合的市场经济体制，它一方面为中国与国际体系的合作奠定了基础，另一方面它与工业化民主国家私有制为主体的市场经济体制存在本质区别，这又为现在和将来中国与资本主义国家体系间的关系埋下了不确定的因子。经济制度的本质区别，还带来政治制度上的根本不同。概而言之，人类政治经济制度一直在国家与市场、政治与经济之间寻找平衡，一个极端是政治被经济或者国家被市场所绑架，此制度安排是近代以来西方政治经济运行的主轴，它虽能保持利润导向的创新，但是又有循环性的创造性毁灭现象；另一个极端是政治控制经济、国家左右市场，过去社会主义国家的计划经济，即滑向这一端，其结果是导致经济和社会活力丧失殆尽。居中或理想的状态，应该是政治不被经济俘获，国家权力和社会领域不被资本控制。中国的社会主义政治体制和市场经济体制一直试图在寻找居中的平衡，但始终避免国家权力为资本所俘获，这也是它与资本主义市场经济制度本质性的区别所在。

一个更为开放的国际体系，需要接受多样市场经济体制的现实，而不是强调对立和排斥。国际体系改革完全按照中国的社会主义市场经济体制来规范，并不可能，同样，国际体系完全排斥、不承认中国的社会主义市场经济体制规范，也不现实。中国与国际体系的关系向这两种体制的任何一个方向发展，都会导致现今国际体系发生重大变革，对国际秩序产生革命性的影响。因此，中国与国际体系在市场经济体制规范上需要相互宽容、理解和尊重，国际体系特别是其中的一些西方国家，需要接受中国在市场经济体制上的制度文明。

第四，国际制度改革的需求越来越强烈。当前，国际社会在国际制度的缺陷和改革上存在共识，但是在改革的范围和方向上存在分歧。国际制度的结构性缺陷，成为新兴大国特别是中国发挥积极作用的障碍，表现在：新兴国家承担的国际责任与其在国际制度中享受的权利之间存在不平衡，新兴国家在国际经济中的影响力与其在国际经济制度中的代表权之间存在不平衡，少数大国缺乏节制的行为与国际制度相应问责机制的缺失之间存在不平衡，文明多元性和发展模式多样性的现实与多数国际制度倡导的单一意识形态和发展模式之间存在不平衡。

国际制度是国际体系有效持续运转的基础，国际体系的转型无不是从国际制度建制、改制、转制来完成的；国际制度改革的范围、内容和方向，直接涉及当下国际体系形态的走向。短期看，既有的国际制度还没有做好充分接纳新兴力量的准备，这就使得国际制度内的守成力量和国际制度外的创新力量形成竞争，外围的创新力量没有大到取代制度内守成力量的地步，制度内守成力量也没有衰落到愿意更多接纳创新力量的地步。金融危机促使两种力量的竞争表面化了。各国对待国际制度的态度，出现了三种可能性：首先，国际社会在国际制度改革上出现集体不行动，最终导致成员逐步退出现有的国际制度，从依赖多边集体决策回到依赖国内政治决策轨道上。这是最坏的一种可能，因为这种情况意味着国际体系面临崩溃。其次，在不彻底变革现有国际制度的前提下，立足外围和新兴国际制度建设，赋予新兴国际制度以权威和功能，以渐进方式形成对现有不合理国际制度的替代，逐步促使现有不合理国际制度的边缘化。这是较为可靠和可行的双轨制增量改进方式。再次，国际社会对现有国际制度改革的内容、方向、步骤存在共识，并能采取集体行动。

第五，美国作为现有国际体系稳定器的不确定性，导致人们对其扮演稳定角色的信用的可靠性产生疑问。美国在冷战结束时丧失了重要的改革机会。今天，美国一个国家的军费开支史无前例地占到全球军费开支的50%，在最近一次军火贸易中，美国与沙特阿拉伯签署了单笔近800亿美元的买卖。是什么样的所谓内部民主制度使一个国家可以维持这么庞大的军费开支，对外使用或威胁使用武力，并且在国内不受约束地得以将如此一大笔军火卖给一个国家？政治学家和经济学家对此讳莫如深！显然，美国的民主制度已经给不了我们这个答案了。美国的第二大不确定性是财政问题。笔者不是金融问题专家，但是有一个问题也许我们每个人都会去问：这个国家如何解决国家、社会保险、企业和私人庞大的债务问题？有种流行的看法是美国的制度具有强大的自我恢复和创造能力，因此美国能够步出危机。当然，这种看法不是没有道理，但是其逻辑上的缺陷在于它是建立在美国永远正确的前提下，只要美国是正确的，而且总是正确的，那么其任何国内问题都可以迎刃而解。用兵和财政是理解资本主义国家的两把钥匙,财政危机长期不得其解,其后续效应将是连锁性的,必将冲击到美国现有军事体制的融资机制(联盟体系),甚至冲击到一直被视为完美的美国国内民主制度基础。

三、国际体系转型与中国的贡献

当前国际体系处于第二次世界大战结束以来最深刻的转型期,这次国际体系转型的内容和方向,关系到 21 世纪的世界政治状态。以现在的认识局限,世界政治中可以确定和展望的现象有以下几点,在以下可预见的确定条件下,转变发展方式不仅仅是一个国家的问题,而是一个世界性问题。

第一,人类资源和环境限制的确定性。根据联合国估算,到 2050 年,全世界人口总数会达到 90 亿;在 1945 年,全世界人口大约是 20 亿;到 2010 年,人口已达到 70 亿。在过去几十年中,世界粮食产量总体呈现增长趋势,这也是过去几十年世界繁荣的一个重要基础。但是,世界粮食产量不可能只有增长没有波折,设想人口聚集区粮食产量出现连续下降,或者人口聚集区出现连续多年的极端气候,其对政治与社会的含义是什么?

第二,更多的国家加入工业化进程,更多的人口参与到城市化过程中,而现行的工业化模式以及建立在工业化基础上的制度,很难提供 80 亿—100 亿人口状态下的生存解决方案。在"二战"结束以来的近 70 年里,跃居发达国家生活水平的非西方国家屈指可数,世界上 20% 的人口占有 80% 的财富,换句话说,假如 50% 的人口都过上现在20%人的生活，自然资源是支撑不了这种无止境的需求的。

第三，教育的普及以及文盲率的降低，带来文化的觉醒。按照现在新兴国家的发展速度，预计全世界中产阶层的规模到2050年将从现在的15%上升到40%左右。发展中国家政治独立、经济发展和文化自觉运动将进一步削弱西方几个世纪以来在非西方世界确立的价值和文化优势。国际社会中的文化交流和文明对话的天平，在向有利于非西方世界、有利于中国的方向倾斜。

第四，全世界治理能力不足的国家有近60个，大部分国家不是国家力量太强，而是太弱，西方式选举政治的简单移植不是强化了国家能力，而是削弱了国家能力。自17世纪以来的几波发展浪潮，根本上没有改变世界贫富的不平衡差距，这也凸显了发展议程的重要性。随着人类对不可再生资源的消耗，到2050年左右，那些依赖单一资源出口的、经济结构单一的国家可能会成为资源枯竭型国家。疾病、瘟疫、灾难、粮食短缺、水资源匮乏、资源枯竭等均可成为挑战许多国家政治稳定和社会秩序的因素。资源枯竭型国家和制度创新能力衰减的国家的出现，还将带来已有城市和文明中心出现转移的可能。

第五，现在的国际制度、国内政治制度、企业组织和社会组织还没有出现突破性革命，以适应资源日渐稀缺和环境逐渐恶化的挑战，国际制度和国内制度需要共同改革，以探寻持续发展、持久和平的内外社会秩序。现今流行的建立在私有财产权基础上的民主制度、建立在追求利润最大化基础上的公司治理结构、建立在依附资本基础上的社会组织，强化了国际国内不平等现状，且依赖国际国内不平等来维持这类制度。21世纪人类持续发展、持久和平的秩序模式，仅仅依赖现有制度内的维持性创新已经不够，必须对现有制度进行突破性创新。

推动国际体系向更为包容的方向发展是国际社会的共同任务。在21世纪，要保持一个有活力、能包容、可持续的国际体系，国际体系的转型需要考虑四个问题。首先，多元。21世纪的国际体系面对一个主体性意识更强、文化上更为自觉、发展道路更为多样、行动上更为进取的新兴国家群。一个均衡的国际体系，在国际制度改革上要适应多元文明、多样发展道路、多种市场经济制度的现实。其次，法治。以国际制度与国内制度的联系和沟通为核心，加强国际制度的他律约束机制和国内制度的自律约束机制建设。在全球化时代，各国国内公共政策的外部负效应越来越明显，而国际社会对一国政策的域外负效应或者其主动对外转嫁危机的政策往往束手无策，一方面，国际制度的他律约束机制经常遭到国内政治的蔑视、抵制和反对，另一方面，大部分国家特别是具有世界影响力的国家，其国内制度往往缺少自律的约束机制，以评估本国公共政策可能的外部负效应。因此，仅有国际制度还不够，有效的国际制度需要自我约束的国内制度的配合，这点应该是迈向更为法治的国际体系改革的核心。再次，民主。少数国家决定世界事务的想法和做法已经过时了，国际关系的民主化是当代国际关系发展的潮流，国际体系的转型和改革需要体现更广泛的代表性，既要考虑更多中小国家，也要考虑越来越多的非国家行为体；既要考虑包括发达国家的公益性社会组织，也要更多地吸收来自发展中国家的公益性社会组织。代表性除了考虑政治权力和经济实力因素，也要考虑地域、文明等因素。民主的国际体系还必须考虑有效性，许多国际制度之所以在国内政治中遭到蔑视，是因为其有效性不足。最后，发展。国际体系转型要适应解决全球发展不平衡和实现可持续发展的双重目标。在过去的60多年中，国际开发和援助类的国际组织在发展中国家的工作陷入误区，是为当地谋发展还是推行西方政治制度，定位不清；对许多发展中国家来说，简单照搬西方选举民主，带来的不是善治和秩序，而是为当地社会埋下分裂与碎片化的种子。发展议题面临的迫切问题是，需要通过已有的和新建的国际组织，将精力真正集中到帮助治理能力不足的国家培训人力资源、改善基础设施、强化政府管理、提高自主发展能力上来。民主与发展是相互支持的，民主和发展的模式也是多样的，国际社会需要总结过去几波现代化浪潮的教训，将发展作为21世纪世界政治和全球治理议程的核心。

　　国际体系的改革与转型具有阶段性、长期性、多变性和复杂性的特点。推动国际体系的和平转型，促进国际体系向民主、法治、公正、包容方向发展，是中国与国际社会的共同利益。中国坚持在和平共处五项原则基础上，在国际上走互利共赢、和平发展的道路，是国际体系和平转型的重要保证力量。未来十年或者更长一段时间，维持与国际体系包容性合作关系的中国国内因素不会发生根本的变化。

　　第一，在和平共处五项原则基础上，以新安全观、新发展观、新利益观为中国与国际体系合作关系的观念基础不会变。20世纪

80年代，中国是社会主义国家率先突破冷战思维，提出和平与发展是时代主题，走改革开放发展道路的国家；冷战结束以来，中国先后提出新安全观、新发展观和新利益观，并在对外关系中践行这些观念。新安全观的核心是互信、互利、平等、协作，既维护本国安全，又尊重别国的安全关切，以互利合作寻求安全，达到促进人类共同安全的目标。新发展观注重把共同发展、持续发展、科学发展、和平发展作为转变经济增长方式、解决全球发展不平衡和实现可持续发展的重要途径，通过发展推动国际体系朝公正、互利、包容方向转变。新利益观强调，在全球化时代应该把本国人民利益与世界人民及人类共同利益结合起来，扩大各方利益汇合点，培育利益共同体意识。比较冷战结束后各大国的外交观，中国提出的新安全观、新发展观和新利益观，摒弃了你死我活的安全思维，超越了狭隘的发展观念，脱离了一味输出制度的价值理念，将国家本位与人类本位、国内政治与世界政治结合在一起擘画中国与世界的未来，是极具世界意识和国际主义的外交主张。

第二，以协商谈判的和平合作方式推动国际体系转型的方式不会变。中国作为社会主义国家，不具备财团—军事—政治权力结合、对外扩张可能性的政治经济制度基础，中国的国内制度是保证中国与国际体系合作的制度基础。中国在国内治理中能够接受合理国际制度的约束，国内治理与国际制度保持较好的合作状态，为中国与国际体系的合作提供了稳定的制度基础。在参与的多边国际制度中，中国维持着良好的遵约记录，中国加入世界贸易组织十年来的表现，是最有力的证据之一。在全球治理上，中国通过建章立制而不是暴力对抗方式推动国际体系渐进改革，与国际社会一道，通过国际制度建设，将中国与国际体系合作的成果以及全球化的成果制度化。中国与国际体系中各种力量寻求均衡、平等的关系，除了与体系中传统的主导力量以外，中国与非洲国家、阿拉伯国家联盟国家、亚洲腹地的中亚国家、拉丁美洲国家、新兴国家群体、东南亚国家等建立了许多正式与非正式论坛合作制度，为全球治理提供了更有力的制度选择。

第三，有利于中国与国际体系合作关系的共同利益形态扩大的趋势不会变。改革开放40年来，中国与世界的相互依赖关系由不对称的相互依赖关系向更为均衡、更为对称的方向发展，中国与世界的共同利益基础迅速扩大，这些共同利益并不简单表现在传统的贸易、投资、市场等经济领域，它们还表现在维护世界多样文明、多元文化的非物质领域，寻求中国与世界共同、可持续发展的生态文明领域，在国内政治中给予全球性问题解决更多重视的议题领域，保持国际制度稳定与变革相统一的制度领域，鼓励各种发展模式取长补短、相互借鉴的政治领域。

在国内政治与国际体系中，中国致力于通过制度建设，将中国改革开放获得的利益、中国与其他国家拥有的共同利益、中国与国际社会存在的共同利益制度化。共同利益的制度化为中国与国际体系的合作关系，提供了不可逆转的制度基础，也使"脱钩论"的可能性越来越小。

四、结语

中国是当今国际社会少数致力于维护开放包容国际体系的国家之一。参与国际体系给中国带来历史性的变化。参与国际体系没有像有些学者预言的那样，导致中国的崩溃，增加中国威胁国际体系的能力，促使中国走西方式发展道路，或者再次退回到原先封闭孤立的状态。40年来，中国在国际体系中坚持走独立自主、互利共赢、和平发展的道路，与国际体系维持着包容性的合作关系。自近代工业化革命以来，以中国为领头羊的人类第四波发展浪潮（前三次分别是17到18世纪英国和欧洲大陆的现代化、19世纪晚期德国和美国的现代化、冷战时期的现代化），突破了殖民扩张、霸权道路的现代化和霸权庇护下的现代化模式，为人类和广大发展中后进国家在21世纪树立了一种全新的发展模式。其发展模式抽象为概念化知识，足以构成人类现代政治文明的一部分，成为中国的制度在国际社会产生感召力、吸引力、影响力的重要知识资源。

冷战结束已20多年，国际体系积蓄了较大的变革力量，金融危机催化了国际体系改革和转型的速度。当前国际体系处于敏感的转型期，国际社会最为担忧的是国际体系向封闭和排他转向。维护国际体系的开放包容，避免各国国内政治走向封闭，是中国与国际社会的共同利益，在金融危机期间，这点对各国走出危机状态，减少危机的危害程度，尤其重要。需要各国集体行动才能解决的全球性问题一旦进一步恶化，只会加剧对各自国内秩序的危害。世界政治的历史表明，各国政治一旦转为内向，屈从国内利益集团短视利益，自行其是，关上国际合作的大门，国际体系就容易陷入纷争与冲突之中。历史上，国际体系历次处于开放与封闭的关口，都需要具有创新意识的国家合作，将国际体系拉回开放包容的状态，避免无政府混乱状态给世界政治造成的损害。这类创新型国家，最可能在新的国际体系中扮演核心管理者角色。

第四节　为世界提供来自中国的新概念新表述新范畴

在中国学术话语的国际传播中，时常听到一种观点，就是中国的学术话语在自说自话，别人听不懂。还有一种外来的观点认为，不只是学术话语，中国官方政治话语和外交话语别人也听不懂，影响了外宣质量。有人指出，"亲、诚、惠、容"周边国家听不懂，"合作共赢""和谐"等概念太空，等等。于是有人建议要改造我们的政治和外交话语，用"国际主流社会"能听得懂的语言表达自己。

对这种现象我们到底怎么看，以及怎么办？

一、国际交流中的话语政治

概念、术语、名称及其构成的话语系统是一个民族用自己的语言表达自己思想的载体，往大的方面讲，它们是一个国家文化主权的组成部分。世界上几千种语言，唯独没有通行的世界语，有些特定的语言在某个特定阶段影响范围较大，但是其也不构成世界通用语。

在东亚，曾经存在一个汉语文化圈，随着一些国家的"去中国化"，汉语退出了这些国家的日常生活；在欧洲，葡萄牙语、西班牙语、法语在各自国家称雄的时候，都曾是较为广泛使用的外交语言，如今在独联体国家，还存在一个俄语区；英语得益于英国的不懈努力以及美国的崛起，目前在世界上影响范围较大。从世界语言区来看，存在英语区、法语区、俄语区、西班牙语区、葡语区、阿拉伯语区等语言版图。一国语言使用范围的扩大会为其带来巨大的经济效益和文化效益，由此甚至诞生语言经济学这门分支。

语言的不同，必然带来各种思想表达系统在沟通中存在的困难，在一开始的交流过程中出现相互听不懂是常态，这就需要借助文化交流来尽力克服这些困难。但是文化交流往往存在强弱问题。

以政治和外交话语来说，西方特色的政治和外交话语在刚进入中国的时候，中国"士"的阶层也抱怨听不懂，三四百年前欧洲传教士进入中国的时候，当时中西力量格局是中强西弱，这些传教士为了顺利在中国传教，采取的战略是遵从中国文化，用中国文化中的词汇转换其词语，即"以儒释耶""以中释西"的战略，以进入中国体系再求改造中国，但不是很成功，后来随着中西力量对比的变化，特别是西方的文化自觉、文化自信起来后，就不再按照中国文化标准来解释自己，而是直接强攻，转为"以耶释儒""以西释中"战略，以我为主来改造中国话语，按照自己的标准来解释中国。

经过多年的努力，我们大致可以发现在中西文化格局下，中国的知识分子大致听得懂英语特色的概念、术语、名称及其话语系统，但这不能证明别人的语言和话语体系就更好、更易沟通、更易为人懂；反过来，由于文化交流的不平衡、不对称，外人自然很难懂得中国丰富的治国理政词汇、政治话语以及外交话语。这种听不懂不是说我们的政治话语和外交话语存在沟通障碍，而是别人不懂汉语或者中国政治和外交文化造成的。因此，我们不要误以为，外人听不懂中国政治话语和外交话语是因为中国政治话语和外交话语存在根本的沟通缺陷，因为大而空、逻辑不当等。进一步设想一下，当外部一个国家竭力用汉语来表达其政治和外交问题时，中国人也会生出"听不懂"这个问题。

所以，问题的关键在于如何让更多的外国人在学习汉语中理解中国，懂汉语的人多了，就不存在这个问题。

其实，就我本人所知，有些搞中国政治外交研究且懂汉语的外国人，以及在华做生意的人，对中国共产党中央全会的公报以及《人民日报》文章的理解能力，丝毫不输给国人，这些人对中国政治话语和外交话语不是不懂，而是懂得很。

二、话语能力提升的办法和效果

话语有时会上升为一种文化外交战略，利用自己的话语系统去覆盖、遮蔽、替换对方的话语体系，达到同化、规训或者孤立对方的目标。比如，话语孤立的一个办法，就是强势话语体系经常说别人说的东西不专业、听不懂、不知道在说什么、与国际主流不接轨，以此达到规训和教化的目标。

当年，中国在国际上提出"和谐世界"这个概念的时候，西方舆论普遍的反应就是这个概念又大又空，是中国特色，听不懂。纯粹从学术研究来说，"和谐"是一个很好的概念，如果说"和谐"概念很空很大，那么西方几个世纪精心打造的西式"自由""民主"概念则更空更大，歧义纷繁。读者会有规律地发现，我们现在提"新型大国关系""亲、诚、惠、容""命运共同体"等，英语学术界和舆论界往往也会说很空很大、没有操作性，而且还通过五花八门的解释将这些核心概念的含义稀释掉，有的时候甚至对其进行污名化。总之，你的概念、术语表达再好，就是不规范、听不懂。这种话语肢解战略是有规律的，对此学者必须要有基本的学术和文化鉴别能力。话语政治还有很多种操作和规训手法，限于篇幅，在此不表。此外，关于话语学，在福柯之前，中国古代的名学其实早就探讨了这个问题。

在话语竞争格局下，往往有不同的应对办法，效果会不一样。

第一种办法是投其所好，遵从强势话语一方，按照符合强势话语一方的习惯和标准来表达自己。这个时候，在强势话语评价体系的塑造下，弱势话语中的一方往往马上会受到表扬，但是在不知不觉中被规训和同化了。例如，为了让别人懂中国政治，如果我们放弃"社会主义""民主集中制""央地关系"等西方读者不太接受的概念，用"国家资本主义""威权""联邦制"等概念研究中国，这个时候别人确实是懂了，但是自己政治概念体系却在不知不觉中被肢解掉了，将自己研究成了"四不像"。

第二种办法，是有一定文化志气的国家，试图进入别人体系然后再去争夺话语权。这种办法初始时有一定的效果，但长远来说则很难。事实证明，在你还没有学会用别人的表达提高自己话语权之前，自己的价值体系和概念体系可能在不自觉中丢掉了，慢慢成了别人体系的一部分。古代中国为此提供了经典的案例，也就是少数民族入主中原的时候，在汉化过程中被同化了，没有改变中原，反而被中原所改变。假设现在世界有一个大国，其试图进入英语表达体系中再去改变对方，提高自己的话语权，其最后的结果可能会与上述例子一样。也就是等你觉得自己似乎有话语权的时候，你已经成为别人的一部分，不是你自己了。

第三种办法是坚持以我为主，用自己的核心话语把自己解释清楚，同时在不伤害别人文化尊严的前提下做到解释别人。唯有文明自成体系的国家才有这样的抱负，也必须有这样的抱负。这需要坚持不懈地通过教育教化让别人理解自己的概念和术语。例如，汉语学术成果的外译战略应该资助他国懂汉语的人来翻译，这些学者在翻译过程中通过查字典等方式，会逐步理解汉语学术圈中的独特的概念和表述方式，从而带动这些概念和表述方式走出去。

大家反过来想想，西方社会科学概念无不是中国人自己翻译过来的，本人很少读到西方人自己花宝贵的精力将自己的东西翻译成中文再在中国出版的书。当然，这种状况与我们主动向外部学习的过程有关，所谓欲求会通，必先超越，欲求超越，必先翻译。但是，从国家文化战略来说，这只是一个过程，最终目标是培养海外帮我们传播概念和话语的人。据统计，现在海外有7000万人在学习汉语，假设这些人能够从基本的汉字认识和了解中国文化，他们对我们外交话语中所说的"亲、诚、惠、容""和谐""义利观"等价值理念，就容易产生共鸣和亲近，不存在听不懂或者曲解的问题。

三、为世界提供来自中国的新概念新表述新范畴

有人说，中国的整体主义、阴阳组合思维别人不懂，应该用西方个体主义、利益思维来阐述外交话语。

其实，为了实现概念和理论在外国的当地化，有时投其所好是对的，但是我们更需要的是学会变其所好。为什么我们就不反过来想想，中国整体主义思维恰恰是一个优点，构建和谐共生的世界就需要整体主义思维而不是个体主义思维呢？人类政治文明是不是被个体主义思维所折磨，恰恰需要整体主义思维来弥补个体主义所造成的缺陷呢？我们现在是不是存在个体主义思维太盛而整体主义思维缺位带来的消极现象？政治学和外交学著作如果多一点整体主义思维方式，受此教育下的人是不是更倾向于用和谐共生视角来看世界，从而有利于世界和平？对此，倒是美国一位叫安乐哲的研究中国哲学的学者，撰文指出关系思维和整体思维对弥补西方对抗式二元思维的积极作用。

话语政治经常有一个尴尬现象，就是当你放弃和丢掉了自己的优秀和核心价值理念，完全跟着别人说而不是自己如何说，忘了自己的根和本的时候，别人有一天很可能把你丢掉的好东西捡起来，说你的东西才是好的。

那么，究竟如何理解"打造融通中外的新概念新表述新范畴，构建中国特色、中国风格、中国气派的哲学社会科学话语体系"这段话？

这段话就我个人的理解，我认为核心是为世界提供来自中国的新概念新表述新范畴，而不是针对不同国家形成不同的新概念新表述新范畴，假设为了让自己的政治话语和外交话语分别为了让英语、法语、俄语、西班牙语、葡萄牙语、阿拉伯语等地区的人懂，符合各自表达习惯，从而形成不同的概念表述体系，那最后翻译出去的政治和外交话语岂不是支离破碎的？大国的政治话语和外交话语有严肃、严密、严谨、权威、准确、连贯的特点，它只能在自己的政治和外交标准下阐释和解释，不可能为了满足各种不同口味的外部受众，进行过多的调整和变化。

实际上，在中国政治和外交话语体系中，已经为世界政治和外交提供了许多新概念新范畴新表述，例如和平共处五项原则、"一带一路"、协商民主、和平发展、韬光养晦、关系、结伴不结盟、新型义利观、命运共同体。外人离开这些概念，恐怕很难理解中国政治和外交，通过领会这些概念，外人其实也是在习惯中国智慧和中国思维。随着中国在世界上影响力的上升，中国更需要以我为主，用自己鲜活的语言来表述世界。

最近，有学者就用中国外交话语系统中的"韬光养晦"，以中释西，说美国现在开始"韬光养晦"了。过去不少美国学者总是抱怨这个词不准确、传递信息不明确，或者从"君子报仇，十年不晚""卧薪尝胆"角度曲解这个词，也许当我们用这个词定义美国外交的时候，或许他们在使用过程中就慢慢懂了。世界上用"韬光养晦"一词的人多了，"韬光养晦"就不是一个中式概念，而是一个普遍概念，完成从专有名词向普通名词的转变，也就不存在自说自话的问题。类似这样的话语传播技巧还有很多，就不一一列举了。

有人说天底下最难的两件事情，一是将自己的思想装进别人的大脑中，二是将别人口袋中的钱赚到自己口袋中来。在这方面，做得比较成功的一是传教士，二是商人，传教的目的是把自己的信仰装到别人大脑中，经商的目的是将别人口袋中的钱赚到自己口袋中；

教没传成却信了别人的信仰，钱没赚成自己的钱反而进了别人的口袋，可谓败笔。所以宗教界和商界在这方面已经积累了成套的思想营销和商品营销的手法，形成了不被人重视的国际通用规则。

当然，我们政治话语和外交话语的对外表达和对外传播不是搞营销，更不是像个别国家那样，目的是改造别人，但是上述两个领域积累的成套经验或者国际通用规则，倒是我们需要好好学学的。

四、中国要有世界意识

世界意识比狭隘的民族复兴意识更为重要。否则，一个国家纵使拥有很多可调度的资源，拿着一手的好牌，若无宽广的世界意识、世界知识和世界人才储备为匹配，也不一定就能打得很好。

我以前在复旦大学给国际政治系本科生上课的时候，班上有不同国家的学生。除了中国学生之外，来自中东欧、非洲、西欧、北美、日韩等地的都有，学生们宗教信仰不同，其本国政治制度也不一，有的学生彼此国家之间甚至还有外交纠纷。所以，我上课的时候就特别注意相关国家知识用词的正确性和平等性，尤其是相关国宗教忌讳和历史人物评价的内容，讲起来格外慎重，有的时候甚至还要考虑本国教科书中的话语他们是否能理解和明白。当然，这种情况在国内学生上课时就不会出现，国内师生之间有"我们一家"的感觉，大家接受一样的政治教育、一样的价值，讲课的时候师生有默契和共识，自然就不太注意国际交往中的这些细节知识了。

改革开放以来，中国在国际上的经济实力和政治地位空前提高，许多全球问题离开中国的支持和配合根本无法解决，国际上要求中国承担更多国际责任的呼声也在上升。有时我想，假设现在美国一夜之间坍塌了，中国陡然成为世界第一大国，被迫担负起许多国际事务的领导权，那么，依中国现在的国际事务管理经验和知识人才储备，能挑起这个担子吗？

大国之大，首先在于其有宽广的世界意识。"世"是时间，"界"是空间，也就是其思考内外问题，从更大的地理格局和历史时段而不仅仅只是从自己本位出发。

有人会说，中国人自古就有天下意识，难道天下意识不是世界意识？其实不然。过去农耕文明时代的天下意识，在地理和时间上局限很大，所谓天下体系，更多是个"想象的共同体"。到鸦片战争前后，天下意识封闭到"不知有汉，无论魏晋"的地步，天下体系迅即崩溃，落得"天下之大没有中国"的境地。

中国现在崛起了，人们喜欢谈中华民族的伟大复兴，从振奋民族精神角度来说，应该多讲，但是，如果我们把视野放宽一点的话，就会发现，毕竟现在全球化了，说话声无法关在自家门里，别人听了会怎么想？恐怕怕的成分多于爱的成分。所以，民族复兴意识应该需要创造性地转化到世界意识复苏上，世界意识需要我们从人类大我的角度进行叙事甚至行动，因此，包容、共同发展、共生、亚洲精神这些概念就很重要。国家现在反复强调"用好国内国外两种资源""统筹国际国内两个大局"，说的也是这个道理。

世界意识需要我们更多地去了解别人，不能凭想象揣测，也就是说，要有世界知识储备。

有次我遇见一个房地产老板，他和西班牙人做生意，他不懂西班牙文，看不懂西班牙文合同，但是他爽快地签了合同。我问他胆怎么这么大，难道不怕被骗？他说对方看上去人挺老实，不像坏人。这着实吓了我一跳。中国有句老话，叫"内战内行，外战外行"。这话在我的理解，所谓"外战外行"，根源在于不了解对手，很多时候靠想当然来判断和行事，那样自然要吃亏。了解对手后吃亏和不了解对手吃了糊里糊涂的亏毕竟是两回事，了解对手后做对了和不了解对手后蒙对了也是两回事。国家现在鼓励走出去，很多企业由于不了解当地国情，就仓促下手，不注重风险评估，血本无归的事例不少。当然，从我们国际问题研究来说，更需要加强对当地的国情民情社情的深度研究。过去日本人侵略中国时所做的满铁调查档案，对中国情况搜集之完备令人叹为观止。现在假设我们真的要在一个小国撤侨，我们是否能立刻拿出当地的路况地图可能都是个疑问。当然，我们现在加强外国国情研究，不是为了搞殖民，而是了解对方，避免不必要的决策失误，大家共同发展。

回到开头。我们现在搞公共外交，其实也要注意话语的对象。我们在言说时往往内外有别，对内讲的话语与对外讲的话语不统一。现在全世界都在关注中国，这种现象反过来看，实际上需要我们学会将内政外交中的重大问题，像上课时的传播一样，讲得让"国际学生"都听得懂，而不只是"自家人"听得懂，这样才能更好地将中国的看法和理念传播出去。因此，学会国际政治语言的正确性、平等性、包容性、谦和性，对公共外交就至关重要了。

总之，世界意识比狭隘的民族复兴意识更为重要。否则，一个国家纵使拥有很多可调度的资源，拿着一手的好牌，若无宽广的世界意识、世界知识和世界人才储备相匹配，也不一定就能打得很好。管理国际事务和国际团队，道理也是如此。

第五节　开创大国外交新局面的行动指南

当今世界正在发生广泛而深刻的变化，中国的和平发展成为推动世界历史进程的重要力量。党的十八大以来，以习近平同志为核心的党中央积极进取、奋发有为，在对外工作上提出一系列新理念新思想新战略，开创了中国特色大国外交新局面。近年来，中国特色大国外交牢牢抓住服务中华民族伟大复兴这条主线，积极推动构建以合作共赢为核心的新型国际关系，推动全球治理体系改革向更加公正合理方向发展，坚持同世界各国共建和谐共生的人类命运共同体，向世界展现了一个社会主义大国、东方大国、发展中大国、文明大国的责任意识和使命担当。

一、全面布局中国特色大国外交

习近平总书记在中央外事工作会议上强调，中国必须要有中国特色、中国风格、中国气派的大国外交。党的十八大以来，中国特色大国外交的全面布局基本完成，大国外交的理念和实践特色愈益鲜明。

中国特色大国外交的历史责任和历史担当。面对深刻变化的国际关系，习近平总书记强调，我们必须端起历史规律的望远镜细心观望，不能被乱花迷眼，也不能被浮云遮眼。在对外工作方面，我们的历史责任和使命就是坚持在党的领导下，把服务服从国家发展和中华民族伟大复兴作为中国大国外交的基点；在国际关系史的大是大非问题上，维护和巩固第二次世界大战的胜利成果，反对个别国家否定"二战"的历史观，坚定维护以《联合国宪章》宗旨和原则为核心的国际秩序，防止国际关系偏离和平发展的正道。

中国特色大国外交的核心价值理念。中国是一个社会主义大国，中国特色大国外交的核心价值与社会主义核心价值观是内在一致的。在对外关系的价值取向上，我们坚持独立自主、和平共处、和平发展、合作共赢。中国不走国强必霸的老路，也不走对抗冲突的险路，而是坚定不移地走和平发展道路。习近平主席在国际场合多次阐述中国大国外交鲜明的价值立场，包括维护主权平等的国际秩序，反对任意颠覆他国合法政权；和平共处，不搞结盟对抗；共同发展振兴，不认同你输我赢；共同安全，不搞势力范围、不找代理人、不填补真空；等等。

坚定不移地走中国特色国家安全道路。当今世界，冷战零和思维仍然存在，世界仍不安宁。习近平总书记强调，要统筹发展安全两件大事，走中国特色国家安全道路，同时在国际上提出共同、综合、合作、可持续的新安全观。新安全观以人类命运共同体为认识新型国际关系的基点，摒弃把自己的安全建立在别人不安全之上的旧思维，反对对抗冲突的零和安全观。在和平发展问题上，中国主动把走和平发展道路作为对自己的约束，体现了维护世界和平的责任意识和担当。但走和平发展道路决不能放弃我们的正当权益，决不能牺牲中国的核心利益。

注重统筹国际国内两个大局。习近平总书记指出，我国同国际社会的互联互动已经变得空前紧密，我国对世界的依靠、对国际事务的参与在不断加深，世界对我国的依靠、对我国的影响也在不断加深;我们观察和规划改革发展,必须统筹考虑和综合运用国际国内两个市场、国际国内两种资源、国际国内两类规则。统筹规划是中国制度体系的内在组织优势。党的十八大以来,我们党注重国家安全和国际安全的统筹,坚定不移地走中国特色国家安全道路;重视国内规则和国际规则的协调,强调提高为转型中的国际秩序定规则定方向的能力;在新的国民经济和社会发展五年规划制定中,突出调动国内市场和国际市场、国内资源和国外资源的能力建设,构建既有活力又能抵御各种风险的开放型经济新体制;在国家治理体系和治理能力现代化建设目标中,强调国家治理体系和全球治理体系改革的结合等。

二、推动构建以合作共赢为核心的新型国际关系

推动构建以合作共赢为核心的新型国际关系,是中国特色大国外交的重要内容,也是国际关系发展的时代要求。进入21世纪以来,世界主要国家的领导人、知识界人士都在思考国际体系转型和21世纪国际秩序问题。国际关系是退回到西方国际关系史上周期性的冲突对抗状态,还是摆脱陈旧观念和实践的束缚、步入和平发展与合作共赢的轨道?这成为国际关系学界的"世纪之问"。

党的十八大以来,习近平主席的外交足迹遍布各个地区主要国家以及重要国际组织。目前,中国与外部世界的伙伴关系已经覆盖了世界上70多个国家和地区组织,初步形成了以合作共赢为核心的新型国际关系层次和网络,体现了我国大国外交布局的全面性。中俄全面战略协作伙伴关系、中美新型大国关系以及中欧和平、增

长、改革、文明四大伙伴关系，对新时期大国关系良性发展发挥了引领作用；中国秉持正确的义利观，以亲诚惠容和真实亲诚理念，深化同周边国家和发展中国家的互利合作、互联互通，打造与周边国家和发展中国家的命运共同体；践行主权平等的外交价值观，重视同小国建立大小规模不等的新型关系；积极推动存量国际组织改革，使其更加适应变化了的国际力量格局，同时发起成立亚洲基础设施投资银行和金砖国家新发展银行等新兴国际组织，为国际体系建设发挥了积极的增量增益效应。

构建以合作共赢为核心的新型国际关系，重在规划和落实。近年来，中国同越来越多的国家在尊重和照顾彼此国情前提下，将各自国情、发展阶段和现实需求衔接对接起来，制定了双边外交五到十年发展规划，着力构筑合作共赢关系的经济、政治、文化和民意基础，带动更多国家共同走和平发展道路。大国外交发展规划体现了中国政党制度在治国理政上的组织优势，是我们党领导人民接力奋进在外交领域的体现，是中国外交鲜明的实践特色之一。

三、提供全球治理的中国理念和中国方案

在中央政治局关于全球治理格局和全球治理体系的集体学习中，习近平总书记指出，加强全球治理、推进全球治理变革是大势所趋，不仅事关应对各种全球性挑战，而且事关给国际秩序和国际体系定规则、定方向；不仅事关对发展制高点的争夺，而且事关各国在国际秩序和国际体系长远制度性安排中的地位和作用。中国参与全球治理的根本目的，就是服从服务于实现"两个一百年"奋斗

目标、实现中华民族伟大复兴的中国梦。近年来，中国为全球治理改革和完善贡献了许多中国理念和中国方案，在国际事务管理中的影响和能力显著提升。

习近平总书记关于全球治理的重要理念和论断，同习近平新时代中国特色社会主义思想中关于国家治理的重要论述是一致和统一的。第一，在新的历史时期，中国共产党治理、国家治理、全球治理日益需要在国际国内两个大局下统筹考虑。参与全球治理和推动全球治理体系变革，与新时期中国共产党在改革开放和外部环境考验下不断提高自己的执政和治理能力、推进国家治理体系和治理能力现代化的目标是一致的。第二，面对全球治理体系中的制度和规则变革，中国不能缺席，必须将推动全球治理法治化与积极争取中国在全球治理体系中的制度性权力和制度性话语权结合起来，做好国际国内两类规则的统筹工作。第三，重视将中国的全球治理倡议和方案同别国国情结合起来，不强人所难、不输出自己的模式，努力将中国倡议和中国方案与对方国情和规划衔接对接起来，寻求互利合作的最大公约数。第四，全球治理经验和成果应为更多国家及其人民所分享，倡导各国加强治国理政经验交流，尤其重视发展议程的落实对推动形成更为均衡的国际关系的重要意义。

协商民主是中国制度体系的精髓之一，也是中国推动全球治理体系改革的重要理念。中国倡导国际关系民主化，促进国际事务按照协商民主精神来处理。习近平总书记多次指出，现在世界上的事情越来越需要各国商量着办，国际上的事情应该由各国商量着办。"商量着办"体现了互谅互商的协商民主精神。世界上许多热点难点问题，动辄以武力和制裁方式处理，不是各国和谐共处之道。因此，全球治理要弘扬共商、共建、共享的新理念。中国是这么说的，也是这么做的，共商、共建、共享成为习近平总书记提出的"一带一路"倡议的核心理念。

四、共建和谐共生的人类命运共同体

当今时代需要一个什么样的国际秩序，如何建立更加公正合理的国际秩序，是各国面临的共同问题。在一个人、财、物、智日益互联互动的世界中，中国与世界的关系正在发生深刻变化，人类休戚与共的命运共同体意识从来没有像今天这样强烈。为了顺应世界历史的这一发展趋势，习近平主席在对外工作的多个场合倡导构建人类命运共同体。在会见"读懂中国"国际会议的外方代表时，习近平主席说，中国将坚持同世界各国建立和谐共生的命运共同体。

人类命运共同体以尊重主权国家平等为基础。当今世界出现了一股以否定主权为基础的国际秩序的思潮，将世界上一些热点难点问题不得其解归咎于主权观念过时了。习近平总书记指出，当今世界发生的各种对抗和不公，不是因为《联合国宪章》宗旨和原则过时了，而恰恰是由于这些宗旨和原则未能得到有效履行。主权平等是人类命运共同体的基石，是保护小国、弱国生存和安全的屏障。一旦失去这道屏障，国际关系就很容易倒退到19世纪西方主导的丛林政治之中。

人类命运共同体需要确立正确的共同价值观和文明对话模式。国之交，在于民相亲；民相亲，在于心相知。习近平主席在出访演讲中，阐述了在一个多元多样多极的世界中不同文明和国家并行不悖的多元共生文明观。当今世界，以个别国家的价值观作为人类命运共同体的指南，或者"道不同，互相讨伐"，既不符合文明和价值观多样的现实，也违背人类文明发展的规律，在实践中容易助长干涉主义。正确的共处共生之道，应是在互相尊重各自价值理念、发展道路、政治制度的基础上，加强治国理政和文明对话交流，互相为学为鉴、取长补短，促进人类文明向更高阶段发展。

第六节　以分歧治理谋划国际关系的新准则

大国关系历来是关乎国际关系稳定与否的压舱石。当前国际关系出现一些具有世界历史意义的变化和特点。世界近现代国际关系史表明，每当国际关系处于转折的关口，大国关系的形态都会对历史走向产生重大影响。大国关系处理好了，国际关系就不会出现大的震荡和动荡，世界和平就有了基本的保障。

中国自身就是一个世界大国，并且是一个新型世界大国，因此，中国如何解决好大国关系治理问题，与其他大国一起为国际关系搭建一个新型大国关系治理框架，共同带动国际关系走出西方世界内部国际关系史中频繁出现的大国政治悲剧的历史宿命论怪圈，既是中国特色大国外交理论创新的内在要求，也是新的世界历史时期各国共同探索关系人类和平的重大命题的客观需要。

党的十八大以来，习近平总书记在对外工作中围绕大国关系治理相关问题发表了一系列重要论述和观点，在总结大国关系历史经验和教训以及大国关系发展规律之基础上，对新时期大国关系的规范和治理提出了系列新思想新观点新论断，向世界展示了一个新型新兴大国在大国关系治理问题上的负责任态度。

一、遵循基本的世界历史观和世界历史发展规律

在 2014 年 11 月召开的中央外事工作会议上，习近平总书记强调要端起历史规律的望远镜，观察世界大局大势。大国关系治理也需要树立正确的世界历史观，遵循世界历史规律。对于当前来说，

大国之间迫切需要巩固对第二次世界大战和世界反法西斯战争所形成的统一历史观。法西斯主义、军国主义是人类的灾难,是国际和平的最大威胁。大国在这个问题上要有统一的认识,不应模棱两可,含糊其词。就此来说,第二次世界大战前的欧洲是有教训的,当时,正是由于英法两国对德国的"绥靖政策",纵容了德国法西斯的侵略扩张欲望,最终给世界和平带来灾难。

世界历史反复证明,光明在黑暗面前稍有犹豫,或后退一步,黑暗就会乘机得寸进尺。近些年来,在重返亚太战略的鼓动下,美国不断强化美日同盟,在对第二次世界大战的历史认识上,日本又不断挑战亚洲国家的历史底线。如果美国在这个问题上不能清醒地给予评估,那么在将来,日本很可能成为美国在亚洲的战略负资产。

世界历史也反复证明,一个国家特别是大国,当处理世界历史根本问题时,如果在立场上站错了队,在世界历史发展方向上出现误判,导致逆流而行,最终就会伤及自身和他人。也正因此,中国在国际社会上反复强调世界历史观问题的重要性,以此作为发展大国关系之镜鉴,防止大国关系脱离历史发展之正义轨道。

二、鼓励互尊互重、互学互鉴的共生思维

由于大国往往都代表着一种独特的文明,因而都有自身的核心价值观,但如果每个大国都将自己的价值观强加他国,视其为国际社会的唯一价值标准,借价值观外交之名行干涉他国内政之实,大国之间必然出现不和。大国关系在价值体系上的这个基本面,决定了治理大国关系不能抱有"道不同,不相为谋"的态度,更不能抱

有"道不同,则干之"的态度,而应要有"道不同,可相为谋"的气度,相互尊重,在包容差异的基础上积累合作成果。

习近平总书记大国关系治理思想继承了改革开放以来我国所坚持的大国外交不以意识形态来划线的基本方针,在此基础上,多次进一步阐明不同文明、不同制度之间要相互包容、相互欣赏、相互尊重的立场。所谓"万物并育而不相害,道并行而不悖""履不必同,期于适足;治不必同,期于利民"。

为此,在思路上,大国之间应彼此尊重各自的核心价值观和基于国情、历史形成的政治制度,不相互贬低,不相互否定,同时在处理国际问题上逐步形成共同的价值理念,循着共商、共建、共赢、共生的原则解决国际难题。减少意识形态因素对大国关系治理的影响,并不是说大国不应重视国内意识形态和价值体系建设。世界上没有一个大国不重视国内意识形态的建设,并且大国在国内重视意识形态和价值体系建设,是其内政主权,但是,应反对一国将自己的意识形态和价值标准强加他国,这不利于大国间的和平共处。

三、共同走和平发展道路

在主持新一届中央政治局关于和平发展道路的集体学习中,以及在国外出访的多次演讲中,习近平总书记反复强调"国虽大,好战必亡"的道理,提出中国坚定不移地走和平发展道路,其他国家尤其是大国也应该走和平发展道路;只有中国一个国家走和平发展道路,是走不通的,更多国家共同来走,才能壮大制约战争的综合力量,和平发展道路才能真正行稳致远。在大国关系治理中,走和平发展道路不应该成为对某一个大国的单方面约束，而是要成为所有大国的共同自我约束。

在 2014 年 11 月召开的中央外事工作会议上，习近平总书记强调，中国要在坚持不结盟原则的前提下，广交朋友，形成遍布全球的伙伴关系网络。推及至大国关系治理上，就是大国不能建立针对其他大国的军事结盟体系，以免陷入对抗性的安全怪圈中。结盟对抗祸害无穷，搬起石头砸别人的脚，最后也砸了自己的脚。在论述安全问题时，习近平总书记曾引用了哈萨克斯坦的谚语"吹灭别人的灯，会烧掉自己的胡子"，形象地说明了大国相互之间持有对抗思维的危害性。

冷战留给国际政治的教训是结盟对抗害人害己，近代以来，西方国家内部纷争不断，也与军事结盟文化的盛行有很大关系。历史上，但凡一个多极世界被军事结盟政治所绑架，最终必然演化为两大军事集团对抗的悲剧，严重威胁国际和平，这是西方国际关系史的悲剧和悲哀。客观地说，当前国际关系中仍然存在军事结盟体系，中国并不反对一些国家由于历史因素所形成的军事结盟体系，但是，中国反对这类军事结盟体系的强化，以及直接或间接地针对第三方，把一个第三方作为假想敌。如何避免结盟对抗，确实是当今大国在维护世界和平方面的责任所在。实际上，军事结盟体系正日益成为个别大国沉重的国际国内包袱。中国为这一问题提出的出路是走不对抗不冲突的结伴不结盟道路。

四、建立全方位、多层次、宽领域的互联互通机制

愚者求异，智者求同，仁者求通。大国之间在任何问题上都完全相同，不符合客观实际，所谓"夫物之不齐，物之情也"。但是，大国之间如果总是找彼此之间的不同，或者夸大不同和放大分歧，合作就会很困难，就更难有共赢的空间。为此，大国之间需要树立求通思维，聚同化异，扩大合作的交集面。

习近平总书记在其他大国访问时，重视从彼此共通的角度阐述中国的外交思想和理念，在同俄罗斯阐述"一带一路"倡议时，强调"一带一路"要与俄罗斯的欧亚经济联盟对接起来；在美国讲述中国梦时，指出中国梦与包括美国梦在内的世界各国人民的美好梦想是相通的；在印度阐述和平思想时，强调中国墨家的"兼爱"思想与印度哲学中的"不害"思想是一致的。

大国之间的分歧和"不通"，既存在于国与国之间，也存在于大国内政与外交之间。一些大国由于内部制度设计的原因，经常出现内政否决国际合作协议的现象，增加了大国关系治理的成本。弥合大国之间以及大国内政与外交之间的分歧，就需要践行协商民主精神，加强沟通和商量，而不是夸大分歧和制造沟通的障碍，以建立起全方位、多层次、宽领域的互联互通机制。

十八大以来，中国巩固并发展了与传统大国和新兴大国的从国家元首到政府要员之间的友好互动关系，促进了双边行政、立法、司法、地方、民间、人文等各个领域的交流和沟通，力图为大国关系治理提供坚实的内政和社会民意支持。

五、构建大小国家平等互利的新型关系

评价一个大国实际承担的国际责任,透过其如何对待与中小国家的外交实践就能一目了然。传统大国关系治理模式中,中小国家往往成为不同大国的殖民地、"保护国"或者势力范围,大国肆意干涉中小国家内政,甚至公开颠覆中小国家合法政权,破坏了主权平等的国际关系原则。小国生活在一个由大国主导的世界体系中,经常缺乏平等的被尊重感,这显然不是一种良好的国际关系。当然,中小国家也不要被大国所利用,轻率卷入大国之间的矛盾或者加入军事结盟体之中,成为他国的棋子。走中立和不结盟的道路,有利于中小国家的生存和发展。

"泰山不拒细壤,故能成其高;江海不择细流,故能就其深。"探索在大小规模不等的国家之间形成新型国际关系,也是习近平总书记大国关系治理思想体系的一个重要内涵。任何一个大国,如果失去了与中小国家相互依托的共生关系,必然独木难支,难成其大。习近平主席的大部分外交足迹,都遍布在中小国家,包括加勒比、印度洋和南太平洋的小岛国,他也在不同场合反复强调大小规模不等国家之间构建新型关系,对促进和巩固新型国际关系的重要性。

构建大小国家平等互利的新型关系,一直是国际秩序建设过程中面临的一大难题,传统的大国关系治理模式并没有对此提供很好的经验和答案,维也纳秩序和雅尔塔体系以大国划分势力范围、牺牲弱小国家权益的方式求得大国之间的短暂均势,并不是大国关系治理的正道。良好的大国关系治理模式,除了有利于大国与大国之

间关系的稳定,也应当致力于促进大小国家之间的互利共生关系的形成。

习近平总书记关于大国关系治理的重要思想和论述,是习近平总书记在对外工作中提出的构建合作共赢为核心的新型国际关系的一部分。当今世界的大国关系,既有退回到历史上的冲突怪圈中的可能,也有通过合作迈上新的发展阶段的可能。为一个多极世界中的大国关系治理谋划规范和规则,探索大国关系的新型治理模式和途径,需要传统大国和新兴大国相向而行,共同努力。面对历史上出现过的各种大国关系治理模式,中国正在努力同一些大国共同开辟大国关系治理的一条新路,当然,这项任务不仅并没有完成,而且还会融入国际秩序从转型走向定型的整个过程之中。

第七节　中国政治发展道路与世界秩序的未来

一、沉闷的政治学与迷茫的世界

每逢世界历史发展的关键时期，大国的发展道路都会格外引人注目。当今世界，发展道路的多样化是一个潮流，这个潮流无疑为各国提供更多自由选择的可能，也为人类的发展方向提供了新的参考。

冷战结束以来，人们试过了不少发展道路，个别国家也用了不少心思对外力推其发展道路和制度模式，但是近30年来的实验表明，效果不佳，且有时还加剧当地的动荡。今天世界越来越多先觉的人士开始认为，普世价值以及由此派生的唯一的道路、制度模式，与多样多元的世界是不合拍的，世界对共同价值的需求，以及人们对共同价值的追求比对普世价值的追求，从来没有像今天这样表现得如此迫切。随着知识的普及以及世界范围内的社会政治自觉运动，人们探索不同的政治发展道路，各种不同政治发展道路的有序竞争的过程，自然会改变未来世界秩序的图景。

在政治学理论处于沉闷之际，中国政治发展道路、中国政治模式或者中国的制度体系，成为刺激学术研究和理论创新的重要样本和经验。这个问题不仅吸引政治学者参与讨论，而且因为中国政治发展道路具有外溢效应，激发国际关系和外交学者参与讨论，以思考这种道路和制度模式对未来国际关系和世界秩序的影响。这个问题的讨论是开放的,并不只是中国学者在关注,它同样吸引国际学术界的参与。

二、对抗式民主和协商式民主

人们以前关注美国民主,今天越来越多的人关注中国民主。人们以前读托克维尔的《论美国的民主》,现在开始读中国共产党人的经典民主文献,例如毛泽东同志的《党委会的工作方法》,以及理解中国共产党人在新时期的民主创新。

从政治制度的国际比较来看,有的通过对抗制衡原则来安排政治制度,有的通过协商合作原则来安排政治制度。表现在民主问题上,我将民主分为对抗式民主和协商式民主两种。

我认为对抗式民主模式不是人们追求好的政治秩序的制度模式。在西方民主制度设计中,带有很强的对抗式的印记,有时大家有共识的时候,对抗式民主对国家治理的影响要小些,但是一旦共识分裂以后,国家治理就会出问题。这种对抗式民主经过包装以后还被推销到世界各地,我们看到不少国家在输入这种对抗式民主制度模式后,国家和社会陷入强烈的冲突和对抗之中,有的时候,对抗式民主甚至成为滋生极端主义的温床。在对抗民主指导下,我们经常看到 democracy 变成了 democrazy。如今,democrazy 一定程度上已经成为西式民主在国际上推广后的代名词。

中国民主政治模式较好地解决了这个制度弊端。中国在这方面找到的道路就是协商民主模式。协商和对抗是天然对立的,要对话不要对抗，要协商不要推诿。中国制度设计以及在政治发展进程的实践中，努力避免对抗民主的消极因素。所以，中国政治精神强调协商的"合"，不像对抗式民主制度那样强调对抗的"分"。外国政治学者研究中国如果只按照"分"而不是"合"把握中国政治，造成的误读误判误解的例子有不少。

我在国际学术交流中经常有人问，你们中国的规划很有意思，在发展中作用很大。其实，世界上并不是中国才有规划，发达国家和发展中国家都有。但是为什么有的国家的规划执行的比较好，有的国家的规划可能很好，但是执行效果不理想？我们的规划的合理有效的政党制度为保障，是在协商民主而不是对抗民主下做出来的，这样既保证了科学性和可行性，也保证了连贯性和稳定性。

简单地说，我们规划的绩效是建立在"一届接一届干"（step by step）的基础上的。在对抗民主和竞争政党制度下，经常不是"一届接一届干"，而是"一届对着一届干"（step against step），规划自然很难连贯稳定地做下去。我这样说，不是说我们的制度和规划就是世界上最好的了——我们的制度和规划也是在不断发展和完善中的，也不是否定其他国家选择的政治制度，我的意思是，我们的民主制度有其比较优势和内在优势。

三、协商民主、中国道路和世界秩序

一个好的世界秩序，仰赖较好的国内秩序支撑。民主和平论假设世界上各国都变成所谓的西式民主国家，就会有好的世界秩序。

这个假设在逻辑和经验上都存在很大的漏洞。这种认为趋同的政治发展道路就会带来一致的世界秩序的观点，是很危险的。我们在实践中可以看到，像罗尔斯的自由理论，已经威胁到世界秩序，而不是对世界秩序建设性地起引导作用。从基本的学术规范和外交规范来看，一个国家是没有权利以其界定的自由或者民主概念，将别国视为非民主、非自由国家而予以随意干涉的。这违背国际秩序的基本原理，国际社会之所以能有秩序，是因为它遵从一个最底线的原则，也就是任何一种国际秩序和国际法，不能建立在要求所有成员采纳同样国内制度的基础上。历史上国际秩序，凡是遵从了这一底线原则，国际秩序基本有保障，如果不遵从这一原则，国际秩序的根基就会出问题。

这就需要我们回到中国所讲的，人们究竟是追求同而不和的秩序，还是和而不同的秩序？世界秩序不能建立在对抗基础上，这就如同国内秩序也不可能建立在对抗基础上的道理是一样的。问题的关键是，人们如何在尊重差异，特别是尊重多种政治发展道路的现实中，寻求和谐共生的秩序。

这又提出协商的重要性。这种协商并不只是国家与国家之间的协商，还包括国内政治和国际关系的协商，因为在对抗式民主制度下，国内政治经常否定国际合作协议，这方面的例子最近特别多，导致国际合作举步维艰。对于国际关系来说，从中国政治发展道路、中国政治模式、中国制度体系所包含的外交含义来看，其努力在世界上创造一个多样制度模式如何通过协商走向共生的秩序，中国道路为人类面临的共性问题以及自身面临的个性问题，探索和提供了新解。这方面中国一直矢志不渝地做，但仅仅靠中国一家来做还不行，需要更多的国家一起来做，如果这样，我们或许可以走向更好的一种世界秩序状态。